SHIXUNSHI ANQUAN PEIXUN
SHITIJI

# 实训室安全培训
# 试题集

● 张应金　主编　● 张爱辉　主审

化学工业出版社
·北京·

## 内 容 简 介

《实训室安全培训试题集》根据职业院校不同专业学生的实际情况和实训时对一些相关基础安全知识的需求安排内容，共分为四个模块，其内容包括：通识类安全知识、电仪类安全知识、机械类安全知识、化学化工类安全知识。

本书内容编写全面，深度适宜，通俗易懂。内容选取具有很强的针对性和实用性，既便于学生自主学习、自我测试，又便于学生通过自主学习掌握相应的通识与专业方面安全知识。

本书适用于职业院校电气自动化、仪表自动化、机电一体化、化工分析、化工工艺、计算机等不同专业各层次的学生自主学习使用，也可作为实训教学安全岗前培训使用。

**图书在版编目（CIP）数据**

实训室安全培训试题集/张应金主编. —北京：化学工业出版社，2021.1

ISBN 978-7-122-37851-4

Ⅰ. ①实…　Ⅱ. ①张…　Ⅲ. ①学校管理-安全管理-中等专业学校-习题集　Ⅳ. ①G474-44

中国版本图书馆 CIP 数据核字（2020）第 191827 号

责任编辑：张绪瑞　刘　哲　　　装帧设计：韩　飞

责任校对：宋　玮

出版发行：化学工业出版社（北京市东城区青年湖南街 13 号　邮政编码 100011）

印　　装：北京虎彩文化传播有限公司

787mm×1092mm　1/16　印张 10¾　字数 267 千字　　2021 年 1 月北京第 1 版第 1 次印刷

购书咨询：010-64518888　　　售后服务：010-64518899

网　　址：http://www.cip.com.cn

凡购买本书，如有缺损质量问题，本社销售中心负责调换。

定　　价：35.00 元

# 前言

近些年来，全国高等院校、职业院校因实验、实训、科研等实践时的安全事故时有发生，大多因参与实验、实训工作人员在实践过程中缺少最基本的通识与相应专业安全常识所造成。目前介绍相应的实训室安全教育培训知识的教材缺乏，而学生对一些基础安全知识均有需求，因此编写适合职业院校学生学习的实训教学安全知识的图书十分必要。

为增强职业院校学生实训室通识与专业安全意识，提高学生防范风险的能力，提前做好实训室安全知识的教育培训工作，成为职业院校安全教育的必要环节。

本书根据职业院校实训教学工作与实践实际需求，分四个模块编写，包括通识类安全知识、电仪类安全知识、机械类安全知识、化学化工类安全知识；每个模块分两至三个题型，包含单选题、多选题、判断题；涉及的知识点包含法规、基础、危险化学品、仪器设备、救护、用电、消防、专业等各方面安全知识。教材内容编写全面，深度适宜，通俗易懂。各种题型每题均附有答案，既便于学生自主学习、自然测试，又便于学生通过自主学习掌握相应的通识与专业方面安全知识。本书定位职业院校不同专业各层次的学生自主学习使用，也可作为实训教学安全岗前培训使用。

参加本书编写的人员都是河南化工技师学院从事各专业实训教学一线的教师和实训室管理人员。本书由张应金担任主编，张瑞、李俊和阮小华参加编写，全书由张爱辉主审。

本书编写过程中，参考了大量的文献资料、实训室安全事故相关新闻报道、网络资料等，主审以高度负责的态度审阅了全书，并提出了许多宝贵意见，使得本书内容丰富、全面。在此对所有文献资料的原著作者和本书主审表示真诚的感谢！

由于编者的水平和实训教学实践经验有限，不妥之处在所难免，敬请读者给予批评指正，并提出宝贵意见和建议，以便本书不断完善。

**河南化工技师学院**
**安全培训试题库建设项目组**
**2020.8**

# 目录

# 第一模块　通识类安全知识

## 一、单选题

**1. 进入实验室的学生应把________放在首位。**

A. 轻松、有趣　　B. 顺利通过考核　　C. 掌握实验内容　　D. 安全

答案：D

**2. 首次进入实验室做实验首先要做的事情是________。**

A. 看使用说明后自己直接进行设备操作

B. 随便摆放实验用具，按自己的想法操作设备

C. 在实验室负责老师的指导下学习实验室的管理和使用规范

D. 把实验材料摆放整齐，按以前学习或工作单位的操作方法使用实验设备

答案：C

**3. 实验室安全是指________。**

A. 把危险留给自己，安全留给别人

B. 把安全留给自己，危险留给别人

C. 保证操作者的安全，不顾仪器的状态

D. 自己、他人的人身安全，仪器设备的安全和环境的安全

答案：D

**4. 引起电器线路火灾的原因是________。**

A. 短路　　B. 电火花　　C. 负荷过载　　D. 以上都是

答案：D

**5. 在遇到高压电线断落地面时，导线断落点在________ m 内，禁止人员进入。**

A. 10　　B. 20　　C. 30　　D. 50

答案：B

**6. 以下标志属"当心触电"的是________。**

A. 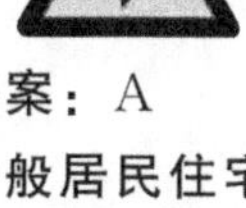　　B. 　　C. 　　D. 

答案：A

**7. 一般居民住宅、办公场所，若以防止触电为主要目的时，应选用漏电动作电流为________ mA 的漏电保护开关。**

A. 10　　B. 20　　C. 30　　D. 40

答案：C

**8. 发生触电事故的危险电压一般是________ V 以上。**

A. 24　　B. 48　　C. 65　　D. 220

答案：C

**9. 万一发生电气火灾，首先应该采取的第一条措施是________。**

A. 等待求援　　B. 扑灭明火　　C. 切断电源　　D. 打电话报警

答案：C

**10. 实验室、宿舍禁止使用电热水壶、热得快。一般电热水壶的功率为________。**

A. 500W 左右　　B. 600W 左右　　C. 700W 左右　　D. 800W 以上

答案：D

**11. 以下标志属“危险勿近”的是________。**

A. 　　B. 　　C. 　　D. 

答案：D

**12. 静电电压最高可达________，放电时易产生静电火花，引起火灾。**

A. 110V　　B. 220V　　C. 380V　　D. 上万伏

答案：D

**13. 金属梯子不适于以下________工作场所。**

A. 静电　　B. 高空作业

C. 穴或密闭场所　　D. 带电作业的工作场所

答案：D

**14. 电线插座损坏时，既不美观也不方便工作，会造成________。**

A. 触电伤害　　B. 吸潮漏电　　C. 空气开关跳闸　　D. 以上情况都是

答案：D

**15. 国内民用照明电路电压为________。**

A. 交流电压 110V　　B. 直流电压 220V　　C. 交流电压 220V　　D. 交流电压 280V

答案：C

**16. 人体在电磁场作用下会受到不同程度的伤害，其原因是________。**

A. 电磁波辐射　　B. 电流　　C. 电压　　D. 静电

答案：A

**17. 以下标志属“当心有毒气体”的是________。**

A. 　　B. 　　C. 　　D. 

答案：D

**18. 漏电保护器对下列________情况不起作用。**

A. 单手碰到带电体　　B. 双手碰到两相电线

C. 人体碰到带电设备　　D. 人体碰到漏电机壳

答案：B

**19. 实验室各种管理规章制度应该________。**

A. 上墙或置于便于取阅的地方　　B. 由相关人员集中保管

C. 存放在档案柜中　　D. 保存在计算机内

答案：A

**20. 由于行为人的过失引起火灾，造成严重后果，危害公共安全的行为，将构成________。**

A. 失火罪　　B. 纵火罪　　C. 玩忽职守罪　　D. 重大责任事故罪

**答案：**A

**21. 下列在实验室内用电描述正确的是________。**

A. 自己随意接、拉电线

B. 使用闸刀开关、木质配电板和花线

C. 固定过的电源插座未经允许不得拆装、改线

**答案：**C

**22. 在实验室区域内，可以________。**

A. 吃食物、吸烟　　B. 睡觉、进行娱乐活动

C. 做与学习、工作有关的事情

**答案：**C

**23. 以下标志属"当心表面高温"的是________。**

A. 　B. 　C. 　D. 

**答案：**B

**24. 实验室用电场所如需增加电器设备时，以下说法正确的是________。**

A. 学生可以私自安装　　B. 老师可以自行安装

C. 须经学校有关部门批准，并由学校指派专业电工安装

**答案：**C

**25. 在实验室内随手使用过的纸屑、矿泉水瓶等垃圾应该________。**

A. 扔在桌子上　　B. 随意扔地上

C. 交给老师处理　　D. 扔进垃圾桶里

**答案：**D

**26. 易燃、易爆物品和杂物等应该堆放在________。**

A. 冰箱、冰柜等附近　　B. 烘箱、箱式电阻炉等附近

C. 具备通风良好的单独库房内

**答案：**C

**27. ________不属于死亡的特征。**

A. 呼吸停止　　B. 呼之不应

C. 心跳停止　　D. 双侧瞳孔扩散且固定

**答案：**B

**28. 以下符合急救与防护"四先四后"原则的是________。**

A. 先缓后急　　B. 先轻后重　　C. 先抢后救　　D. 先病后伤

**答案：**C

**29. 以下标志属"当心火灾"的是________。**

A. 　B. 　C. 　D. 

答案：B

**30. 以下止血方法中，________不作为首选救治。**

A. 填塞止血法　　B. 止血带止血法

C. 直接压迫止血法　　D. 止血点压迫止血法

答案：B

**31. 如果触电者伤势严重，呼吸停止或心脏停止跳动，应先竭力采用胸外心脏按压和________方法进行施救。**

A. 按摩　　B. 掐人中　　C. 人工呼吸　　D. 及时送医院

答案：C

**32. 被电击的人能否获救，关键在于________。**

A. 人体电阻　　B. 触电的方式

C. 触电电压的高低　　D. 能否尽快脱离电源和施行紧急救护

答案：D

**33. 有人触电时，使触电人员脱离电源的错误方法是________。**

A. 借助工具使触电者脱离电源　　B. 抓触电人的干燥外衣

C. 抓触电人的手　　D. 切断电源

答案：C

**34. 有异物刺入头部或胸部时，以下________急救方法是错误的。**

A. 及时送往医院救治　　B. 现场马上拔出，进行止血

C. 用毛巾等物将异物固定住，不让其乱动

答案：B

**35. 以下标志属“当心爆炸”的是________。**

A. 　　B. 　　C. 　　D. 

答案：C

**36. 对实验室安全检查的重点是________。**

A. 可燃易燃性、易爆性、可传染性、放射性物质、有毒物质的使用和存放

B. 清除污染和废弃物处置情况

C. 规章制度的建立和执行情况

D. 以上都是

答案：D

**37. 在使用设备时，如果发现设备工作异常，应作________处理。**

A. 立刻关机走人　　B. 先停机再自行维修

C. 继续使用，注意观察　　D. 停机并报告相关负责人员

答案：D

**38. 诱发安全事故的因素是________。**

A. 设备的不安全状态和人的不安全行为

B. 劳动组织管理的缺陷

C. 不良的工作环境

D. 以上情况都是

**答案：** D

**39. 师生进入实验室工作，一定要搞清楚________等位置，有异常情况，要关闭相应的总开关。**

A. 电源总开关、水源总开关

B. 日光灯开关、水槽、通风橱

C. 通风设备开关、多媒体开关、计算机开关

**答案：** A

**40. 在实验内容设计过程中，要尽量选择________做实验。**

A. 无公害、无毒或低毒的物品

B. 实验残液、残渣较多的物品

C. 实验的残液、残渣不可回收的物品

**答案：** A

**41. 以下标志属“当心中毒”的是________。**

A. 　B. 　C. 　D. 

**答案：** C

**42. 爆炸物品发生爆炸时的特点有________。**

A. 反应速度极快，通常在万分之一秒内即可发生

B. 可释放出大量的热

C. 会产生大量的气体

D. 以上都是

**答案：** D

**43. 发生火灾被困在室内时，应采取________方法逃生。**

A. 迅速跳楼逃生

B. 快速打开门，冲出去

C. 躲到床下，等待救援

D. 到窗口或阳台挥动物品求救、用床单或绳子拴在室内牢固处下到下一层逃生

**答案：** D

**44. 在火灾初发阶段，应采取________方法撤离。**

A. 用湿毛巾捂住口鼻低姿从安全通道撤离

B. 跑到楼顶呼救

C. 跳楼逃生

D. 乘坐电梯

**答案：** A

**45. 火灾发生时，湿毛巾折叠 8 层为宜，其烟雾浓度消除率可达________。**

A. 40%　　B. 60%　　C. 80%　　D. 90%

**答案：** B

**46. 火灾蔓延的途径有________。**

A. 热辐射　B. 热传导　C. 热对流　D. 以上情况都是

答案：D

**47. 以下标志属“当心烫伤”的是________。**

A. 　B. 　C. 　D. 

答案：C

**48. 扑灭电器火灾不宜使用________。**

A. 二氧化碳灭火器　B. 泡沫灭火器

C. 干粉灭火器　D. 灭火砂

答案：B

**49. 发生火灾身上着火时，最好的做法是________。**

A. 快速奔跑　B. 大声呼救

C. 边跑边脱衣服　D. 就地打滚或用水冲

答案：D

**50. 实验大楼安全出口的疏散门应________。**

A. 向内开启　B. 自由开启

C. 向外开启　D. 关闭，需要时可自行开启

答案：C

**51. 使用灭火器扑救火灾时要对准火焰的________部位喷射。**

A. 上部　B. 中部　C. 根部　D. 中上部

答案：C

**52. ________不是影响混合物爆炸极限的因素。**

A. 混合物的温度、压力　B. 混合物的含氧量

C. 混合物的多少　D. 容器的大小

答案：C

**53. 以下标志属“当心滑倒”的是________。**

A. 　B. 　C. 　D. 

答案：D

**54. 窒息灭火法是将氧气浓度降低至最低限度，以防止火势继续扩大。其主要工具是________。**

A. 水　B. 砂子　C. 干粉灭火器　D. 二氧化碳灭火器

答案：D

**55. 采取适当措施，使燃烧因缺乏或隔绝氧气而熄灭，这种方法称为________。**

A. 冷却灭火法　B. 隔离灭火法　C. 窒息灭火法

答案：C

**56. 身上着火后，________灭火方法是错误的。**

A. 就地打滚　B. 迎风快跑

C. 大量水冲或跳入水中　　　　D. 用厚重衣物覆盖压灭火苗

答案：B

**57. 在火灾逃生方法中，以下不正确的是________。**

A. 用湿毛巾捂着嘴巴和鼻子

B. 弯着身子快速跑到安全地点

C. 躲在床底下，等待消防人员救援

D. 马上从最近的消防通道跑到安全地点

答案：C

**58. 实验室仪器设备用电或线路发生故障着火时，应立即________，并组织人员用灭火器进行灭火。**

A. 将贵重仪器设备迅速转移　　　　B. 直接用水浇灭

C. 切断现场电源　　　　D. 将人员疏散

答案：C

**59. 以下标志属“当心泄漏”的是________。**

A. 　B. 　C. 　D. 

答案：A

**60. 实验大楼因出现火情发生浓烟已穿入实验室内时，以下________行为是正确的。**

A. 沿地面匍匐前进，当逃到门口时，不要站立开门

B. 从楼上向楼下外逃时可以乘电梯

C. 打开实验室门后不用随手关门

D. 直接从楼上跳下来

答案：A

**61. 实验室电器设备所引起的火灾，应________。**

A. 用水灭火　　　　B. 用泡沫灭火器灭火

C. 用二氧化碳或干粉灭火器灭火

答案：C

**62. 烟头中心温度可达________，它超过了棉、麻、毛织物、纸张、家具等可燃物的燃点，若乱扔烟头接触到这些可燃物，容易引起燃烧，甚至酿成火灾。**

A. 200～300℃　B. 400～500℃　C. 700～800℃

答案：C

**63. 雷电放电具有________特点。**

A. 电磁波辐射　B. 电流大，电压高　C. 电流小，电压高　D. 电流大，电压低

答案：B

**64. 做加热易燃液体实验时，应该________。**

A. 用电炉加热，要有人看管　　　　B. 用水浴加热，要有人看管

C. 用电热套加热，可不用人看管

答案：B

**65. 以下标志属“当心窒息”的是________。**

A. 　B. 　C. 　D. 

答案：B

**66. 倾倒液体试剂时，瓶上标签应朝________。**

A. 左方　B. 下方　C. 上方　D. 右方

答案：C

**67. 当不慎把少量浓硫酸滴在皮肤上时，正确的处理方法是________。**

A. 用酒精擦拭　B. 马上去医院救治

C. 用碱液中和后，用水冲洗　D. 以吸水性强的纸吸去后，用水冲洗

答案：D

**68. 配电盘（箱）、开关、变压器等各种电气设备附近不得________。**

A. 设放灭火器

B. 设置围栏保护

C. 堆放易燃、易爆、潮湿和其他影响操作的物件

答案：C

**69. 安装使用漏电保护器，是属于哪种安全技术措施________。**

A. 辅助安全措施　B. 基本安全措施　C. 绝对安全措施

答案：B

**70. 触电事故中，绝大部分是________导致人身伤亡的。**

A. 人体接受电流遭到电击　B. 电休克

C. 烧伤　D. 辐射

答案：A

**71. 以下标志属“当心玻璃危险”的是________。**

A. 　B. 　C. 　D. 

答案：A

**72. 当打开房门闻到燃气气味时，要迅速________，以防止引起火灾。**

A. 打开燃气灶具查找漏气部位　B. 现场拨打119报警

C. 打开门窗通风

答案：C

**73. 公共场所安全出口的疏散门应________。**

A. 自由开启　B. 向内开启　C. 向外开启

答案：C

**74. 存放剧毒物品必须使用________保管、储存。**

A. 木柜子　B. 铁皮柜　C. 带双锁的铁皮保险柜

答案：C

**75. 在狭小的地方使用二氧化碳灭火器容易造成________事故。**

A. 缺氧　B. 中毒　C. 爆炸　D. 冻伤

答案：A

**76. 火灾扑灭后，起火单位应________。**

A. 拨打 119　　B. 予以保护现场

C. 速到现场抢救物资　　D. 尽快抢修设施争取复产

**答案：**B

**77. 以下标志属“当心低温”的是________。**

A. 　B. 　C. 　D. 

**答案：**A

**78. 使用________的钢瓶，操作者的双手、手套及工具等不得沾染油脂。**

A. 氧气瓶　　B. 氢气瓶　　C. 氩气瓶　　D. 氮气瓶

**答案：**A

**79. 进行危险性实验时，应________。**

A. 单独一人操作　　B. 必须要有三人　　C. 至少要有两人以上

**答案：**C

**80. 在易燃易爆场所不能穿________。**

A. 布鞋　　B. 胶鞋　　C. 凉鞋　　D. 带钉鞋

**答案：**D

**81. 如果在试验过程中，闻到烧焦的气味应________。**

A. 立刻关机走人　　B. 赶紧打开通风装置通风

C. 请同实验的人帮忙检查　　D. 立即断电并报告相关负责人员

**答案：**D

**82. 国家标准（GB 2893—2008）中规定的四种安全色是________。**

A. 红、青、黄、绿　　B. 红、蓝、黑、绿　　C. 红、蓝、黄、绿　　D. 白、蓝、黄、绿

**答案：**C

**83. 以下标志属“非工作人员请勿入内”的是________。**

A. 　B. 　C. 　D. 

**答案：**A

**84. 从业人员进入作业区作业时必须执行________的规定。**

A. 正确佩戴劳动防护用品　　B. 看清作业任务单

C. 带齐作业工具

**答案：**A

**85. 实验时仪器着火应使用的灭火器是________。**

A. 干粉灭火器　　B. 泡沫灭火器　　C. 二氧化碳灭火器

**答案：**C

**86. 实验室高压气瓶摆放应________。**

A. 气瓶直立即可　　B. 气瓶直立并固定　　C. 气瓶平放并固定

**答案：**B

87. 学生开始参与实验室工作前，________实验室安全教育。

A. 必须进行　　B. 不用进行　　C. 有条件的可以进行

答案：A

88. 干粉灭火器不适宜扑救________。

A. 轻金属（钾、钠等）燃烧的火灾　　B. 石油产品、有机溶剂、油漆的火灾

C. 易燃、可燃的气体和液体的火灾　　D. 木制品火灾

答案：A

89. 以下标志属“有害气体中毒”的是________。

A. 　B. 　C. 　D. 

答案：A

90. 实验室发生电器着火时应________。

A. 赶紧用水扑灭　　B. 保障安全情况下先关掉电源，然后灭火

C. 保障安全的情况下先灭火，然后关电源

答案：B

91. 从火灾现场撤离时，应采取________。

A. 乘坐电梯赶紧离开　　B. 什么也不做，等待救援

C. 用湿毛巾捂住口鼻低姿从安全通道撤离

答案：C

92. 扑救燃油类易燃液体火灾时，应________。

A. 使用干粉灭火器　　B. 用水泼灭火　　C. 扑打灭火

答案：A

93. 在室外灭火时，应站在________。

A. 上风位置　　B. 下风位置　　C. 都可以

答案：A

94. 使用干燥箱和恒温箱时，应注意的事项是________。

A. 使用前检查电源，要有良好的接地线

B. 箱内应保持清洁，放物网篮不得有锈，否则影响待干燥物品的洁净度

C. 塑料、有机玻璃制品的加热温度不能超过 60℃，玻璃制品的温度不能超过 180℃，使用温度不能超过干燥箱的最高允许温度，用毕要及时切断电源

D. 以上都对

答案：D

95. 以下标志属“当心超压”的是________。

A. 　B. 　C. 　D. 

答案：D

96. 因实验需要拉接电源线，下列哪种说法是正确的________。

A. 不允许任意放置于通道上，以免因绝缘破损造成短路或影响通行

B. 插座不足时，可以连续串接

C. 插座不足时，可以连续分接

D. 临时用，不需考虑负荷容量

答案：A

**97. 任何单位________都有参加组织的灭火工作的义务。**

A. 男性公民　　B. 女性公民

C. 成年公民　　D. 包括少年儿童在内的所有人员

答案：C

**98. 实验室发生火灾无法控制时应________。**

A. 见到门口就跑　　B. 乘坐电梯逃离　　C. 从疏散通道逃离　　D. 在室内等待救援

答案：C

**99. ________实验室里的设备。**

A. 不登记即可使用

B. 经培训后即可使用

C. 不经培训即可使用

D. 培训合格后并经管理人同意登记后方可使用

答案：D

**100. 以下提法正确的是________。**

A. 配电箱内所用的保险丝应该越粗越好

B. 当发现实验室楼道安全出口上锁、遮挡，或者占用、堆放物品影响疏散通道畅通时，应立即向实验室管理负责人汇报

C. 任何人都可以不经允许在实验室进行电焊操作

D. 仓库内应该安装碘钨灯照明

答案：B

**101. 以下标志属“远离货物当心倒跺”的是________。**

A. 　　B. 　　C. 　　D. 

答案：B

**102. 实验设备使用前，必须要________。**

A. 现在设备多是傻瓜型，直接上机即可操作

B. 熟悉操作规程，根据操作规程使用

C. 没必要熟悉操作规程，可直接使用

答案：B

**103. 身上着火时，下列做法错误的是________。**

A. 猛跑，然后脱掉身上的衣服

B. 卧倒在地上打滚，把身上的火苗压灭

C. 现场其他人员可用湿麻袋、毡子等把身上着火的人包起来，使火熄灭

答案：A

**104. 发现有人低压触电，应________，使之脱离电源。**

A. 直接打120进行处理　　B. 去找专业电工进行处理

C. 立即用手拉开触电人员　　D. 用绝缘物体拉开电源或者触电者

答案：D

**105. 冬季工作服拉链必须拉到________以上，夏季工作服纽扣必须扣到第________个纽扣，衣襟下面及两侧纽扣必须扣好，袖口纽扣必须扣好，做到“三紧”：领口紧，袖口紧，下摆紧。**

A. 上兜盖、二　B. 上兜盖、三　C. 领口、二　D. 领扣、三

答案：A

**106. 使用灭火器时，喷射________最有效。**

A. 火焰中部　B. 火焰根部　C. 火焰中部

答案：B

**107. 以下标志属“禁止烟火”的是________。**

A. 　B. 　C. 　D. 

答案：B

**108. 手提照明灯电压不得超过________，在潮湿场所，若工作地点狭窄（如锅炉、金属容器内），行动不便，手提行灯电压不得超过________。**

A. 64V、42V　B. 42V、36V　C. 36V、12V

答案：C

**109. 从事易燃易爆行业的人员应穿________，以防静电危害。**

A. 含金属纤维的棉布工作服　B. 合成纤维工作服

C. 普通工作服

答案：A

**110. 一般从事高处作业的人员脚上应穿________。**

A. 普通鞋　B. 硬底鞋　C. 软底防滑鞋

答案：C

**111. 正确使用安全带的方法是________。**

A. 低挂高用　B. 高挂低用　C. 将绳打结使用

答案：B

**112. 火灾中对人员威胁最大的是________。**

A. 火　B. 烟气　C. 可燃物

答案：B

**113. 以下标志属“禁止明火作业”的是________。**

A. 　B. 　C. 　D. 

答案：C

**114. 劳动防护用品必须具有“三证”，下列不属于“三证”的是________。**

A. 安全鉴定证　B. 生产许可证　C. 产品合格证　D. 检验合格证

答案：D

**115. 室内空气中二氧化碳含量达到________就能使人不省人事，呼吸停止甚至死亡。**

A. 1%　　B. 5%　　C. 10%

答案：C

**116. 在安全生产工作中，通常所说的“三违”现象是指________。**

A. 违章指挥、违章作业、违反劳动纪律

B. 违反作业规程、违反操作规程、违反安全规程

C. 违反规定建设、违反规定生产、违反规定销售

D. 违规进行安全培训、违规发放劳动保护用品、违规消减安全技措经费

答案：A

**117. 发生危险化学品事故后，应该向________方向疏散。**

A. 上风　　B. 下风　　C. 顺风

答案：A

**118. 以下标志属“禁止穿拖鞋上岗”的是________。**

A. 　　B. 　　C. 　　D. 

答案：A

**119. 以下对报警电话描述不正确的是________。**

A. 119 报警电话是免费的，不可随意拨打

B. 发生火灾时任何人都可以无偿拨打 119 救援

C. 单位为了演练，可以拨打 119 来救援

答案：C

**120. 下列________灭火剂是扑救精密仪器火灾的最佳选择。**

A. 干粉灭火剂　　B. 泡沫灭火剂　　C. 二氧化碳灭火剂

答案：C

**121. 发生火灾时，不得组织________扑救火灾。**

A. 未成年人　　B. 女青年　　C. 军人

答案：A

**122. 下面________火灾用水扑救会使火势扩大。**

A. 电器类　　B. 木材类　　C. 油类

答案：C

**123. 室内不得存放超过________kg 的汽油。**

A. 1.5　　B. 2.5　　C. 0.5　　D. 3.5

答案：C

**124. 以下标志属“疏散通道方向 L”的是________。**

A. 　　B. 　　C. 　　D. 

答案：C

**125. 下列________物品必须分间、分库储存。**

A. 灭火方法相同的物品　　B. 容易相互发生化学反应的物品

C. 以上两种答案都对

答案：B

**126. 依据《仓库防火安全管理规则》，库房内照明灯具的垂直下方与储存物品水平间距不得小于________ m。**

A. 0.3　　B. 0.4　　C. 0.5　　D. 1

答案：C

**127. 电脑着火时，应当作________处理。**

A. 迅速往电脑上泼水灭火

B. 拔掉电源后用湿毛毯或棉被等盖住电脑

C. 马上拨打火警电话，请消防队来灭火

答案：B

**128. 当公共场所发生火灾时，该公共场所现场的工作人员若不履行组织、引导在场群众疏散的职责，造成人身伤亡，尚不构成犯罪的，处________拘留。**

A. 5 日以下　　B. 10 日以下　　C. 15 日以下　　D. 500 元罚款

答案：C

**129. 用灭火器进行灭火的最佳位置是________。**

A. 下风位置　　B. 上风或侧风位置

C. 离起火点 10m 以上的位置　　D. 离起火点 10m 以下的位置

答案：B

**130. 以下标志属“不产生重大危害的爆炸品”的是________。**

A. 　B. 

C. 

答案：B

**131. 据统计，火灾中死亡的人有 80%以上属于________。**

A. 被火烧死　　B. 烟气窒息致死　　C. 跳楼或惊吓致死

答案：B

**132. 公共场所应当设置火灾事故应急照明灯，照明供电时间不得少于________ min。**

A. 10　　B. 15　　C. 20　　D. 30

答案：C

**133. 公共场所发生火灾时，现场工作人员应当________。**

A. 迅速撤离　　B. 抢救贵重物品　　C. 组织引导在场群众疏散

答案：C

**134. 进行照明设施的接电操作，应采取的防触电措施为________。**

A. 戴上手套　　B. 切断电源　　C. 站在金属凳子或梯子上

答案：B

**135. 造成触电事故的因素是________。**

A. 电流流过人体　　B. 电压　　C. 电场　　D. 磁场

答案：A

**136.** 以下标志属“易自燃物品”的是________。

A. 　B. 　C. 

答案：C

**137.** 实验室内的插座距地面的高度一般不低于________ m。

A. 0.1　　B. 0.2　　C. 0.3　　D. 0.4

答案：C

**138.** 节假日期间，需要进入实验室工作的师生，要严格遵守实验室操作规程，做实验时必须要有人在场，并且在实验完成离开时负责________，锁好门窗，以防火灾和爆炸、溢水等事故。

A. 关闭水源、电源、气源　　B. 关闭仪器设备　　C. 关闭计算机

答案：A

**139.** 以下________不是呼吸、心跳停止的表现。

A. 瞳孔缩小　　B. 意识忽然丧失

C. 触及不到颈动脉搏动　　D. 面色苍白转而紫绀

答案：A

**140.** 实验室人员发生触电时，下列________行为是不正确的。

A. 迅速切断电源，将触电者上衣解开，取出口中异物，然后进行人工呼吸

B. 当患者伤势严重时，应立即送医院抢救

C. 应迅速注射兴奋剂

答案：C

**141.** 干粉灭火器适用于________。

A. 电器起火　　B. 可燃气体起火　　C. 有机溶剂起火　　D. 以上情况都是

答案：D

**142.** 以下标志属“腐蚀性物品”的是________。

A. 　B. 

C. 

答案：B

**143.** 扑救易燃液体火灾时，应________方法灭火。

A. 用灭火器　　B. 用水泼　　C. 扑打

答案：A

**144.** 我国目前通用的火警电话是________。

A. 911　　B. 119　　C. 110　　D. 122

答案：B

**145.** 如果实验时出现火情，要立即________。

A. 停止加热，移开可燃物，切断电源，用灭火器灭火

B. 打开实验室门，尽快疏散、撤离人员

C. 用干毛巾覆盖上火源，使火焰熄灭

答案：A

**146. 毒物进入人体最主要、最常见的途径是________。**

A. 皮肤　　B. 眼睛　　C. 呼吸道　　D. 消化道

答案：C

**147. 灭火的四种方法是________。**

A. 扑灭法、救火法、化学法、泡沫法

B. 捂盖法、扑打法、浇水法、隔开法

C. 隔离法、窒息法、冷却法、化学抑制法

答案：C

**148. 有关气体钢瓶的正确使用和操作，以下说法中不正确的是________。**

A. 各种压力表可通用

B. 不可把气瓶内气体用光，以防重新充气时发生危险

C. 可燃性气瓶（如 $H_2$）应与氧气瓶分开存放

D. 检查减压阀是否关紧，方法是逆时针旋转调压手柄至螺杆松动为止

答案：A

**149. 下列气体中，有毒的气体为________。**

A. 氧气　　B. 氮气　　C. 氯气　　D. 二氧化碳

答案：C

## 二、多选题

**1. 实验室安全包括________。**

A. 防火　　B. 防盗　　C. 用电　　D. 使用设备

答案：A，B，C，D

**2. 实验室每年对工作场所安全检查的重点是________。**

A. 可燃易燃性、可传染性、放射性和有毒物质的存放

B. 应急装备、器械及警报系统运行状态

C. 清除污染和废弃物处理情况

D. 实验室卫生情况

答案：A，B，C

**3. 我国安全生产方针是________。**

A. 预防为主　　B. 安全第一　　C. 齐抓共管　　D. 综合治理

答案：A，B，D

**4. 安全生产事故的“四不放过”原则是________。**

A. 没有制定出防范措施不放过

B. 事故的原因没有调查清楚不放过

C. 事故的责任者没有受到处理不放过

D. 事故的责任者和群众没有受到教育不放过

答案：A，B，C，D

**5. 安全电压额定值包括________。**

A. 12V B. 24V C. 36V D. 42V

答案：A，B，C

**6. 以下________属于警告标示牌。**

A. 禁止烟火！ B. 在此工作！

C. 止步，高压危险！ D. 禁止攀爬，高压危险！

答案：B，C

**7. 学校应当加强对学生的消防宣传教育，提高学生的消防安全意识和自防自救能力，做到“三会”，即________。**

A. 会报火警 B. 会扑救初起火灾

C. 会自救逃生 D. 会开展防火检查

答案：A，B，C

**8. 进入公共场所，应注意细心观察场所的疏散情况，记住________细节以利于发生火灾情况下紧急疏散。**

A. 进出口位置 B. 电梯的位置

C. 安全出口位置 D. 疏散通道楼梯的方位

答案：A，C，D

**9. 实验开始前应该做好的准备有________。**

A. 必须认真预习，理清实验思路

B. 应仔细检查仪器是否有破损，掌握正确安装使用仪器的要点

C. 弄清水、电、气的管线开关和标记，保持清醒头脑，避免违规操作

D. 了解实验中使用的药品的性能和有可能引起的危害及相应的注意事项

答案：A，B，C，D

**10. 实验室逃生计划应怎么做________。**

A. 应先熟悉所使用楼层的各个逃生路线，并随时做好迅速撤离的准备

B. 应预先模拟火灾一旦发生时，应该通过什么途径逃生

C. 应熟悉楼层内的消防设备及其使用方法

答案：A，B，C

**11. 以下诱发安全事故的原因的是________。**

A. 劳动组织管理的缺陷 B. 设备的不安全状态

C. 不良的工作环境 D. 人的不安全行为

答案：A，B，C，D

**12. 关于安全用电，下列做法错误的是________。**

A. 在电线上晾晒衣物 B. 用铁丝代替保险丝

C. 有人触电应立即切断电源 D. 定期检查线路，防止绝缘层破损

答案：A，B

**13. 手持电动工具在使用管理当中，以下应注意的事项是________。**

A. 手持电动工具根据使用的环境不同选择相应的绝缘等级

B. 电源线长度限制在 6m 以内，中间不允许有接头和破损

C. 手持电动工具至少每 3 个月进行一次绝缘电阻检测，且记录完整有效

D. 手持电动工具的防护罩、盖板及手柄应完好，无破损，无变形，不松动

答案：A，B，C，D

**14. 静电的电量虽然不大，但其放电时产生的静电火花有可能引起爆炸、火灾、及造成精密实验仪器损坏，下列正确的预防措施有________。**

A. 适当提高工作场所的湿度

B. 计算机进行维护时，先将手触摸其他金属导电体，然后再拆机

C. 尽量穿不宜产生静电的工作服，不要在易产生静电的场所梳理头发

D. 进行特殊危险实验时，操作人员应先接触设置在安全区内的金属接地棒，以消除人体电荷

答案：A，B，C，D

**15. 防止静电事故的主要办法是________。**

A. 保证电路良好的绝缘

B. 在重要场合铺设防静电地板

C. 增加空气中的湿度，降低静电产生的条件

D. 人体接触对静电敏感的设备时，提前释放自己身上积累的电荷，例如戴静电防护手环、使用静电防护毯等

答案：B，C，D

**16. 使用供电延长线应注意________。**

A. 必要时应加保护管并粘贴于地面

B. 不得任意放置于通道上，以免因绝缘破损造成短路

C. 插座不足时，不能连续分接，以免造成超载或接触不良

D. 插座不足时，不能连续串接，以免造成超载或接触不良

答案：A，B，C，D

**17. 具有________性质的化学品属于化学危险品。**

A. 爆炸　　B. 易燃　　C. 毒害　　D. 腐蚀

答案：A，B，C，D

**18. 如果不慎发生被玻璃割伤事故，应________。**

A. 及时送医院治疗

B. 先将伤口处的玻璃碎片取出

C. 伤口较大或割破了主血管，则应用力按住主血管，防止大出血

D. 伤口较小时，先用蒸馏水洗净伤口，再涂上红药水，撒上止血粉后用纱布包扎好

答案：A，B，C，D

**19. 大量集中使用气瓶，应注意________。**

A. 不必要设置符合要求的集中存放室

B. 气瓶应专瓶专用，不能随意改装，各种气压表一般不得混用

C. 通风要良好，要有必要的报警装置

D. 根据气瓶介质情况采取必要的防火、防爆、防静电、防毒、防辐射措施

答案：B，C，D

**20. 可燃性及有毒气体钢瓶一般不得进入实验楼内，存放此类气体钢瓶的地方应注意________。**

A. 阴凉通风　　B. 严禁明火　　C. 有防爆设施　　D. 单独并固定存放

答案：A，B，C，D

**21. 对于实验室内所用的高压设备，应注意做到________。**

A. 定期检修　　B. 有可靠的防护措施

C. 定期检查线路，测量接地电阻　　D. 凡设备本身要求安全接地的，必须接地

答案：A，B，C，D

**22. 以下几种气体中，有毒的气体为________。**

A. 氧气　　B. 氯气　　C. 二氧化硫　　D. 三氧化硫

答案：B，C，D

**23. 使用高温实验装置时，应注意的事项是________。**

A. 注意防护高温对人体的辐射

B. 熟悉高温装置的使用方法，并细心地进行操作

C. 不得已非要将高温炉之类装置置于耐热性差的实验台上进行实验时，装置与台面之间要保留 1cm 以上的间隙，并加垫隔热层，以防台面着火

D. 使用高温装置的实验，要求在防火建筑内或配备有防火设施的室内进行，并保持室内通风良好

答案：A，B，C，D

**24. 实验室使用微波炉时，应注意________。**

A. 实验用微波炉严禁加热食品

B. 严禁将易燃易爆等危险化学品放入微波炉中加热

C. 微波炉开启后，会产生很强的电磁辐射，操作人员应远离

D. 对密闭压力容器使用微波炉加热时应注意严格按照安全规范操作

答案：A，B，C，D

**25. 电器线路火灾的基本原因有________。**

A. 短路　　B. 过载　　C. 电火花或电弧　　D. 接触电阻过大

答案：A，B，C，D

**26. 当有人触电时，可采用符合相应电压等级的绝缘工具________使触电人员脱离。**

A. 切断电源　　B. 割断电源线

C. 挑拉电源线　　D. 借助工具使触电者脱离电源

答案：A，B，C，D

**27. 使用酒精灯时，以下________操作是正确的。**

A. 点火时要用火柴点　　B. 灭灯时可用嘴去吹

C. 灭灯时要用灯帽盖灭　　D. 点火时用另一个点着的酒精灯去点

答案：A，C

**28. 下列粉尘中，可能会发生爆炸的是________。**

A. 面粉　　B. 煤粉　　C. 铝粉　　D. 生石灰

答案：A，B，C

**29. 被火困在高楼室内应________。**

A. 跳楼逃生

B. 躲到床下，等待救援

C. 到窗口或阳台挥动物品求救

D. 用床单或绳子拴在室内牢固处下到下一层逃生

答案：C，D

**30. 物质燃烧必须同时具备的条件是________。**

A. 温度 B. 着火源 C. 助燃物 D. 可燃物

答案：B，C，D

**31. 实验室内使用乙炔气体时，应注意________。**

A. 房间应密闭 B. 室内不可有明火

C. 室内应有高湿度 D. 室内不可有产生电火花的电器

答案：B，D

**32. 容器中的溶剂或易燃化学品发生燃烧应用________灭火。**

A. 加水灭火 B. 加砂子灭火

C. 用灭火器灭火 D. 用不易燃的瓷砖、玻璃片或抹布盖住瓶口

答案：B，C

**33. 实验室发生紧急事故时，正确的应对策略是________。**

A. 听从指挥

B. 如被困室内（电梯内），应设法呼救

C. 发生大的突发事故后，人身安全才是最重要的，事故现场人员首先应尽快有序地从安全通道撤离，等事故得到控制之后再回来处理其他事情

D. 发生小型着火事故，应防止火势蔓延（采取切断电源、移走易燃物品、灭火等措施）

答案：A，B，C，D

**34. 关于氮气瓶的使用，下列说法正确的是________。**

A. 氮气瓶的存放应远离火种、热源

B. 发生火灾时，应尽可能将气瓶从火场移至空旷处

C. 气瓶发生泄漏时，应迅速撤离泄漏污染区人员至安全区

D. 处理氮气泄漏时，由于氮气无毒、不燃，不需要注意现场通风

答案：A，B，C

**35. 保证实验室使用的各种气体钢瓶的安全，下列正确的做法是________。**

A. 紧靠设备放置 B. 加保险阀并用绳索相对固定

C. 远离火源、电和其他热源 D. 放置在阴凉或空气流通的地方

答案：B，C，D

**36. 关于氧气瓶的使用，以下说法正确的是________。**

A. 操作者的双手、手套及工具等不得沾染油脂

B. 氧气瓶附件有缺损，阀门螺杆滑丝时，应停止使用

C. 氧气瓶不得靠近热源，与明火的距离一般不得小于 10m

D. 氧气瓶不能强烈碰撞，禁止采用抛、摔及其他容易引起撞击的方法进行装卸或搬运

答案：A，B，C，D

**37. 存放易自燃化学品时应________。**

A. 存放于试剂架上

B. 单独储存于通风、阴凉、干燥处

C. 远离明火及热源，防止太阳直射

答案：B，C

**38. 危险化学药品会对人体造成伤害，使用和保存时应注意________。**

A. 了解所使用的危险化学药品的特性，不盲目操作，不违章使用

B. 妥善保管，做到标签完整，密封保存；避热、避光、远离热源

C. 办公室内不要存放危险化学药品

D. 室内应保持良好通风

答案：A，B，C，D

**39. 不适合在化学实验室穿着的鞋有________。**

A. 凉鞋　　B. 拖鞋　　C. 高跟鞋　　D. 胶底鞋

答案：A，B，C

**40. 实验过程中发生烫伤，正确的处理方法是________。**

A. 浅表的小面积烫伤，以冷水冲洗 15～30min 至散热止痛，涂抹烫伤膏

B. 严重时应立即送往医院

C. 若有水泡可自行刺破

答案：A，B

**41. 日常安全用电包括________。**

A. 人走关灯

B. 每天下班拔掉计算机电源插头

C. 功率型用电设备要随时有人看守

D. 上班过程中只要不用电就关掉电源

答案：A，C

**42. 220V 200W 的灯头上可以使用的灯泡有________。**

A. 220V 100W　　B. 220V 200W　　C. 36V 100W　　D. 36V 50W

答案：A，B

**43. 以下能够使人与地之间绝缘的有________。**

A. 布底鞋　　B. 皮底鞋　　C. 绝缘鞋　　D. 绝缘橡胶垫

答案：C，D

**44. 关于安全用电，下列说法正确的是________。**

A. 只有高压线路才会发生触电

B. 保险丝断了，电路不一定是发生了短路

C. 有人触电时要用干燥绝缘物品拨开电线

D. 使用测电笔时，手不能接触笔上任何金属

答案：B，C

**45. 大型仪器设备应对使用电源有一定的要求，下列选项正确的有________。**

A. 所使用的电源应离周围的大型用电系统远一些

B. 中线（N）和火线（L）要正确连接

C. 应有牢固可靠的地线（E）

答案：A，B，C

**46. 正确使用气体钢瓶的原则是________。**

A. 在钢瓶上装上配套的减压阀。检查减压阀是否关紧，方法是逆时针旋转调压手柄至

螺杆松动为止

B. 停止使用时，先关闭总阀门，待减压阀中余气逸尽后，再关闭减压阀

C. 慢慢地顺时针转动调压手柄，至低压表显示出实验所需压力为止

D. 打开钢瓶总阀门，此时高压表显示出瓶内储气总压力

答案：A，B，C，D

**47. 发生电器火灾时可以使用的灭火设备包括________。**

A. 干粉灭火器　　B. 泡沫灭火器　　C. 二氧化碳灭火器　　D. 水

答案：A，C

**48. 引起火灾蔓延的主要因素是________。**

A. 飞火　　B. 热传导　　C. 热对流　　D. 热辐射

答案：A，B，C，D

**49. ABC 干粉灭火器适用于________。**

A. 电器起火　　B. 可燃气体起火　　C. 有机溶剂起火

答案：A，B，C

**50. 参加公共场所大型活动时，以下做法合理的是________。**

A. 遇到突发情况时要听从组织安排

B. 遇到可疑物品时，自行打开看看是什么

C. 进入场地时先了解安全通道、应急出口的位置

D. 在行进中若发现人群朝自己涌来，应及时向人群前进的方向快走，以免造成踩踏伤害

答案：A，C，D

**51. 使用电钻或手持电动工具时应注意的安全问题有________。**

A. 所有的导电部分必须有良好的绝缘

B. 电机进线应装有接地或接零的装置

C. 在使用时，必须穿绝缘鞋、戴绝缘手套等防护用品

D. 所有的导线必须是坚韧耐用的软胶皮线。在导线进入电机的壳体处，应用胶皮圈加以保护，以防电线的绝缘层被磨损

答案：A，B，C，D

**52. 运行中的电气设备有________。**

A. 全部带有电压的电气设备

B. 一部分带有电压的电气设备

C. 一经操作即有电压的电气设备

答案：A，B，C

**53. 引发电气火灾的初始原因有________。**

A. 电路接触不良　　B. 绝缘老化或破坏

C. 电热器挨近可燃物　　D. 线路或设备过电流运行

答案：A，B，C，D

**54. 灭火器出现________情形，必须报废。**

A. 被火烧过的　　B. 筒体严重锈蚀的

C. 筒体严重变形的　　D. 无生产厂家名称和出厂年月的

答案：A，B，C，D

**55. 如何正确安全使用台灯________。**

A. 灯泡功率不得超过 60W　　B. 不能用纸做灯罩

C. 远离可燃物

**答案：**A，B，C

**56. 使用配有计算机的仪器设备时，不应该做的有________。**

A. 自行安装软件

B. 玩各种电脑游戏

C. 更改登机密码和系统设置

D. 将获得的图像、数据等资料存储在未予指定的硬盘分区上

**答案：**A，B，C，D

**57. 危险化学品包括________种类。**

A. 易燃液体，易燃固体，自反应物质

B. 爆炸品，易燃气体，易燃喷雾剂，氧化性气体，加压气体

C. 可自燃液体，自燃自热物质，遇水放出易燃气体的物质

D. 氧化性液体，氧化性固体，有机过氧化物，金属腐蚀品

**答案：**A，B，C，D

**58. 电器设备或带电系统着火，可用以下________方式灭火。**

A. 泡沫灭火器　　B. 干粉灭火器　　C. 二氧化碳灭火器　　D. 四氯化碳灭火器

**答案：**B，C，D

**59. 室内消火栓箱内一般应配置有________。**

A. 消防栓　　B. 消防水枪　　C. 消防水带　　D. 消防水喉

**答案：**A，B，C，D

**60. 遭遇火险时正确的脱险方法有________。**

A. 披上浸湿的衣物，向安全出口方向逃生

B. 用湿毛巾掩住口鼻，从安全通道匍匐前进

C. 用床单、衣服等自制简易救生绳从楼上小心滑下

D. 身上着火，可就地打滚或用厚重的衣物压灭火苗

**答案：**A，B，C，D

**61. 火灾预防的基本措施包括________。**

A. 控制可燃物　　B. 隔绝助燃物　　C. 消除着火源　　D. 阻止火势蔓延

**答案：**A，B，C，D

**62. 下列选项中属于防爆措施的是________。**

A. 消除火源　　B. 安装检测和报警装置

C. 控制可燃物形成爆炸性混合物　　D. 防止形成爆炸性混合物的化学品泄漏

**答案：**A，B，C，D

**63. 电气火灾的火源主要有________形式。**

A. 电火花

B. 可燃性气体（如天然气等）

C. 可燃性液体（如汽油、煤油等）

D. 电热高温（在导体中的大电流或电磁材料中的磁损耗或绝缘介质中的电损耗产生的

热量导致的高温）

答案：A，D

**64. 发生火灾拨通“119”后，应向“119”台报告________，并派人到适当位置迎接消防车到来。**

A. 火势大小　　B. 火灾详细地点

C. 人员被困情况　　D. 燃烧物质及受影响的物质

答案：A，B，C，D

**65. 发生火灾时，烟气具有________危害性。**

A. 遮光　　B. 高温　　C. 毒性　　D. 窒息性

答案：A，B，C，D

**66. 实验室预防窃案的方法有________。**

A. 不带外人进入　　B. 钥匙妥为保管

C. 搞好防范工作　　D. 随手锁门、关窗配合

答案：A，B，C，D

**67. 为了自身安全，进入陌生场所应该先了解________。**

A. 避难逃生方向

B. 安全门的位置、是否上锁

C. 查看消防栓、缓降机、救助袋等各项灭火及避难器具位置

答案：A，B，C

**68. 下列选项中，实验室预防电气火灾最重要的措施有________。**

A. 实验室建设时要全面地规划电气需求，正确地设计方案，容量留有余地

B. 禁止非电工改接电气线路，禁止乱拉临时用电线路

C. 工作现场禁止吸烟，禁止带火柴、打火机等进入

D. 从工作现场清除易燃易爆材料

答案：A，B

**69. 发生火灾后，下列正确逃生方法是________。**

A. 发生火灾后，应选择电梯逃生

B. 在有浓烟的情况下，采用低姿势撤离，视线不清时，手摸墙壁徐徐撤离

C. 楼道内烟雾过浓无法冲出时，利用窗户阳台，拴上安全绳或床单逃生

D. 逃离火场的路线上遇有浓烟烈火时，必须把自己的衣服淋湿，再找一块湿毛巾捂住口鼻，以起到隔热滤毒的作用

答案：B，C，D

**70. 防火重点部位要做到________。**

A. 有防火负责人　　B. 有防火安全制度

C. 有义务消防组织　　D. 有消防器材、消防设施

答案：A，B，C，D

**71. 火灾的发展过程可分为________。**

A. 阴燃阶段　　B. 初起阶段　　C. 发展阶段　　D. 下降阶段

答案：B，C，D

**72. 发生火灾，在疏散逃生过程中________。**

A. 可以用折叠多层的湿毛巾、口罩捂住口鼻
B. 尽量将身体贴近地面匍匐（或弯腰低姿）前进
C. 可用浸湿的棉被、棉大衣等披在身上
D. 到处乱跑，寻找电梯口
答案：A，B，C

**73. 水是家中最好用的灭火剂，家庭常见的火灾都可以用水扑救。但以下这些特殊火灾不能用水扑灭________。**

A. 特殊的化学品火灾　　B. 带电设备火灾
C. 油类火灾　　D. 木材火灾
答案：A，B，C

**74. 造成电气火灾的原因有可能是________。**

A. 短路　　B. 漏电
C. 过负荷　　D. 电热器具使用不当
答案：A，B，C，D

**75. 火灾时如果被困在室内如何待救________。**

A. 至易获救处待救（如靠近大马路之窗口附近，或与入口较近之房间等）
B. 设法告知外面的人（用电话、手机通知）
C. 防阻烟流窜进来
答案：A，B，C

**76. 某学校的一名职工拨打119谎称办公楼起火，按照消防法的规定，公安消防机构可以给予________行政处罚。**

A. 处5日以上10日以下拘留
B. 可以并处500元以下罚款
C. 情节较轻的，处5日以下拘留或者500元以下罚款
D. 试一下119是否有人值班，不会处罚
答案：A，B，C

**77. 使用大功率电器会造成以下________后果。**

A. 电灯变暗
B. 没有不良后果，能给人们带来方便
C. 会使电力线路负荷太重而发生跳闸事故
D. 长期使用会使电线因长期超负荷输电而老化极易引发火灾
答案：A，C，D

**78.《中华人民共和国消防法》规定：任何单位、个人都有________的义务。**

A. 维护消防安全　　B. 保护消防设施
C. 预防火灾　　D. 报告火警
答案：A，B，C，D

**79. 影响混合物爆炸极限的因素有________。**

A. 容器的大小　　B. 混合物的温度　　C. 混合物的压力　　D. 混合物的含氧量
答案：A，B，C，D

**80. 影响电流对人体伤害程度的主要因素有哪些________。**

A. 人体电阻　　B. 电流的大小　　C. 电流的频率　　D. 通电时间的长短

答案：A，B，C，D

**81. 摩擦是产生静电的一种主要原因，尤其在干燥的环境中，人体的活动和物体的移动都会产生很强的静电。静电在突然释放的时候会对人体或设备造成损伤。下列选项________是防止静电事故的主要办法。**

A. 人体接触对静电敏感设备提前释放自己身体中积累的电荷，例如戴静电防护手环、使用静电防护毯

B. 增加空气中的湿度，降低静电产生的条件

C. 在重要场合铺设防静电地板

D. 用电设备都良好接地

答案：A，B，C

**82. 用手提式灭火器灭火的正确方法是________。**

A. 拔去保险插销　　B. 对准火焰根部喷射

C. 一手紧握灭火器喷嘴　　D. 一手提灭火器并下压压把

答案：A，B，C，D

**83. 使用液化石油气时应注意________。**

A. 不准倒灌钢瓶，严禁将钢瓶卧放使用

B. 不准在漏气时使用任何明火和电器，严禁倾倒残液

C. 不准将气瓶靠近火源、热源，严禁用火、蒸汽、热水对气瓶加温

D. 不准在使用时人离开，小孩、病残人不宜使用，严禁将气瓶放在卧室内使用

答案：A，B，C，D

**84. 下列遭遇火灾脱险不正确的方法是________。**

A. 使用电梯快速脱离火场

B. 利用绳索等，顺绳索滑落到地面

C. 在平房内关闭门窗，隔断火路，等待救援

D. 必须跳楼时要尽量缩小高度，做到双脚先落地

答案：A，C

**85. 高层建筑火灾的特点有________。**

A. 火势蔓延快，途径多。高层建筑内电梯井、管道井较多，发生火灾能很快形成“烟囱效应”，并造成火灾扩大蔓延

B. 火灾扑救困难。由于高层建筑比较高，发生火灾后，消防车云梯高度有限，只能靠建筑物内部的消防设施来扑救，火灾扑救相当困难

C. 人员疏散困难，伤亡严重。由于高层建筑较高，火灾时，人员要安全撤离建筑物需要较长时间，再加上火灾时人员极度恐慌，造成疏散困难

D. 建筑物使用易燃合成材料多，燃烧猛烈。为了减轻结构自重，方便建筑上的空间布局和室内装饰的美观，不少高层建筑大量使用了可燃、易燃的建筑装饰材料和涂料，这些材料不仅易燃，而且燃烧后能释放毒气，造成人员中毒死亡

答案：A，B，C，D

**86. 预防学生宿舍火灾，应注意以下________几条。**

A. 不在宿舍使用“热得快”“吹风机”等大功率电器

B. 离开宿舍时拔下电源插头

C. 不在宿舍使用酒精炉

D. 不在宿舍抽烟

**答案：** A，B，C，D

**87. 在________情况下，开关、刀闸的操作手柄上须挂“禁止合闸，有人工作”的标示牌。**

A. 一经合闸即可送电到工作地点的开关、刀闸

B. 一经合闸会使两个电源系统并列或引起反送电的开关、刀闸

C. 已停用的设备，一经合闸即有造成人身触电危险、设备损坏或引起总漏电保护器动作的开关、刀闸

**答案：** A，B，C

**88. 实验室发生火灾后，正确的做法有________。**

A. 逃离火场的路线上遇有浓烟烈火时，把自己的衣服淋湿，再找一块湿毛巾捂住口鼻

B. 在有浓烟的情况下，采用低姿势撤离，视线不清时，手摸墙壁安全撤离

C. 楼道内烟雾过浓，无法冲出时，应利用窗户阳台逃生，拴上安全绳逃生

D. 若所有通道都不通，应躲在有水源之处等待救援，高层切不可盲目跳楼

**答案：** A，B，C，D

**89. 发生火灾时，身上着火怎么办________。**

A. 就地打滚　　B. 迎风快跑

C. 尽快撕脱衣服　　D. 向身上泼水或用厚棉衣往身上盖

**答案：** A，C，D

**90. 电流对人体的伤害可以分为________。**

A. 电伤　　B. 电击　　C. 烧伤　　D. 烫伤

**答案：** A，B

**91. 电气着火源的产生原因有________。**

A. 电气设备或电气线路老化　　B. 线路超负荷使用导致过热

C. 电热设备使用不当　　D. 电火花和电弧

**答案：** A，B，C，D

**92. 接地线的作用是________。**

A. 在电路中起安全保护作用，以防电器因内部绝缘破坏外壳带电而引起的触电事故

B. 保证电气设备在正常和事故情况下可靠的工作，减小负载的中性点电位漂移

C. 防止干扰与提高无线电波的辐射效率

D. 与大地绝缘

**答案：** A，B，C

**93. 实验过程产生的有毒废液必须________。**

A. 妥善保管　　B. 不得随意丢弃、掩埋

C. 集中保存，统一处理　　D. 稀释后用大量水冲净

**答案：** A，B，C

**94. 涉及有毒试剂的操作时，应采取的保护措施包括________。**

A. 佩戴适当的个人防护器具　　B. 做好应急救援预案

C. 在通风橱中操作　　D. 了解试剂毒性

答案：A，B，C，D

**95. 发生危险化学品事故后，不应该向________方向疏散。**

A. 上风　　B. 下风　　C. 顺风

答案：B，C

**96. 使用易燃易爆的化学药品应该注意________。**

A. 避免明火加热　　B. 不可猛烈撞击

C. 在通风橱中进行操作　　D. 加热时使用水浴或油浴

答案：A，B，C，D

**97. 取用化学药品时，以下操作事项正确的是________。**

A. 取用腐蚀和刺激性药品时，尽可能戴上橡胶手套和防护眼镜

B. 倾倒时，切勿直对容器口俯视；吸取时，应该使用橡胶球

C. 开启有毒气体容器时应戴防毒用具

D. 裸手直接取用药品

答案：A，B，C

**98. 为避免误食有毒的化学药品，应注意做到________。**

A. 在实验室内只能吃口香糖　　B. 不准把食物、食具带进实验室

C. 使用化学药品后须先洗净双手　　D. 实验室内禁止用手触摸眼、鼻、口

答案：B，C，D

**99. 发生案件时应做到________。**

A. 不用管，有人处理

B. 立即查看损失情况

C. 立即报案，妥善保护案发现场，提供线索

D. 为了救人，可能破坏现场时应尽可能记住现场破坏前的情况

答案：C，D

**100. 下列选项中________是预防电气火灾最重要的基本措施。**

A. 实验室建设时要全面规划电气需求，正确地设计方案，容量留有余地

B. 规范使用操作，制定并严格执行用电和电气设备使用安全操作规程

C. 禁止非电工改接电气线路，禁止乱拉临时用电线路

D. 工作现场禁止吸烟，禁止带火柴、打火机等进入

答案：A，B，C

## 三、判断题

1. 电源插座、接线板、电线的容量应满足电器功率的需要。

答案：正确

2. 为避免线路负荷过大，而引起火灾，功率1000W以上的设备不得共用一个接线板。

答案：正确

3. 对于触电事故，应立即切断电源或用有绝缘性能的木棍棒挑开和隔绝电流，如果触电者的衣服干燥，又没有紧缠住身上，可以用一只手抓住他的衣服，拉离带电体；但救护人不得接触触电者的皮肤，也不能抓他的鞋。

答案：正确

4. 实验室内应使用空气开关并配备必要的漏电保护器；电气设备应配备足够的用电功率和电线，不得超负荷用电；电气设备和大型仪器须接地良好，对电线老化等隐患要定期检查并及时排除。

**答案：** 正确

5. 大型仪器使用中，应注意仪器设备的接地、电磁辐射等安全事项，避免事故发生。

**答案：** 正确

6. 实验室内的电线、开关、灯头、插头、插座等一切电器用具，要经常检查是否完好，有无漏电、潮湿、霉烂等情况，一旦有问题应立即报修。

**答案：** 正确

7. 可以用潮湿的手碰开关、电线和电器。

**答案：** 错误

8. 当手、脚或身体沾湿或站在潮湿的地板上时，切勿启动电源开关和触摸电气用具。

**答案：** 正确

9. 实验室同时使用多种电气设备时，其总用电量和分线用电量均应小于设计容量。

**答案：** 正确

10. 不使用绝缘损坏或接地不良的电气设备。

**答案：** 正确

11. 负载处于工作状态时，可以插、拔、接电气线路。

**答案：** 错误

12. 接线时，要用合格的电源线、电源插头、插座。电源线接头要用绝缘胶布包好。

**答案：** 正确

13. 可以用湿布擦电源开关。

**答案：** 错误

14. 进行电气维修必须先关掉电源，在设置告知牌后，方可进行。

**答案：** 正确

15. 实验室的电源总闸没有必要每天离开时都关闭，只要关闭常用电气的电源即可，经常开关总闸会缩短其使用寿命。

**答案：** 错误

16. 电源插座附近不应堆放易燃物等杂物。

**答案：** 正确

17. 移动某些非固定安装的电气设备时（如电风扇，照明灯），可不必切断电源。

**答案：** 错误

18. 任何电气设备在未验明无电时，一律认为有电，不能盲目触及。

**答案：** 正确

19. 当断线落地或大电流从接地装置流入大地时，若人站在附近则可能在两脚之间产生跨步电压。

**答案：** 正确

20. 使用电气设备时可以用两眼插头代替三眼插头。

**答案：** 错误

21. 人体触电致死，是由于肝脏受到严重伤害。

**答案**：错误

22. 在遇到高压电线断落地面时，导线断落点 20m 内，禁止人员进入。如果不慎在此范围内，应背朝电线断落点，采用单脚跳或双脚并跳，撤离现场。

**答案**：正确

23. 计算机使用完毕后，应将显示器的电源关闭，以避免电源接通，产生瞬间的冲击电流导致显示器损坏。

**答案**：正确

24. 触电事故是因电流流过人体而造成的。

**答案**：正确

25. 为了预防电击（触电），电气设备的金属外壳须接地，最好是埋设接地电阻很小的专用地线。

**答案**：正确

26. 为保证安全用电，配电箱内所用的保险丝应该尽量细。

**答案**：错误

27. 在照明电路上可以不用安装漏电保护器。

**答案**：错误

28. 为方便进出专人管理的设备房间，可自行配制钥匙。

**答案**：错误

29. 实验结束后，应该打扫卫生、整理或运走废弃的试样或物品。

**答案**：正确

30. 实验室应保持整洁有序，不准喧哗、打闹、抽烟。

**答案**：正确

31. 学生进入实验室学习、工作前应接受安全教育、培训，并通过考核。

**答案**：正确

32. 进入实验室，可以不穿实验服。

**答案**：错误

33. 实验结束后，要关闭设备，断开电源，并将有关实验用品整理好。

**答案**：正确

34. 从事特种作业（如电工、焊工等）的人员，必须接受相关的专业培训，通过考核并持有相应的资质证书才能上岗。

**答案**：正确

35. 节假日或假期在实验室做实验必须经实习指导批准，并报院系备案。

**答案**：正确

36. 实验室内可以堆放个人物品。

**答案**：错误

37. 实验室内可以使用电炉、微波炉、电磁炉、电饭煲等取暖、做饭。

**答案**：错误

38. 实验室内禁止抽烟、进食。

**答案**：正确

39. 发现被盗或人为破坏，应保护现场并立即报告实验室管理负责人或保卫处。

答案：正确

40. 学生进入实验室首先要了解实验室的安全注意事项。

答案：正确

41. 未经允许不得随意拆卸实验仪器和设备。

答案：正确

42. 实验进行前要了解实验仪器的使用说明及注意事项，实验过程中要严格按照操作规程进行操作。

答案：正确

43. 实验室内电气设备及线路设施必须严格符合安全用电规程，不许乱接、乱拉电线，墙上电源未经允许，不得拆装、改线。

答案：正确

44. 离开实验室前应检查门、窗、水龙头是否关好，通风设备、饮水设施、计算机、空调等是否已切断电源。

答案：正确

45. 不能将实验室物品带出实验室。

答案：正确

46. 有易燃易爆危险品的实验室禁止使用明火。

答案：正确

47. 在不影响实验室周围的走廊通行的情况，可以堆放仪器等杂物。

答案：错误

48. 为了防止盗窃事件的发生，临时离开实验室必须关门。

答案：正确

49. 因为实验需要，可以在实验室存放大量气体钢瓶。

答案：错误

50. 实验室不得乱拉电线，套接接线板。

答案：正确

51. 实验室应将相应的规章制度和操作规程挂到墙上或置于便于取阅的地方。

答案：正确

52. 进入实验室的学生应把掌握实验内容放在首位。

答案：错误

53. 遇到停电停水等情况，实验室人员必须检查电源和水源是否关闭，避免重新来电来水时发生相关安全事故。

答案：正确

54. 实验室人员必须定期检查设备、水电线路、门窗等是否完好，如发现问题，必须及时进行维修。

答案：正确

55. 不得堵塞实验室逃生通道。

答案：正确

56. 实验室钥匙由实验室负责人管理，不得私自配置钥匙或借给他人使用。

答案：正确

57. 实验室内电源根据需要可自行拆装、改线。

答案：错误

58. 除非特殊需要并采取一定的安全保护措施，否则空调、计算机、饮水机等不得无人开机过夜。

答案：正确

59. 仪器设备发生故障后，必须及时报告管理人员，并详细登记。

答案：正确

60. 上网信息的保密管理坚持“谁上网谁负责”的原则。

答案：正确

61. 任何单位和个人可以在电子公告系统、聊天室、网络新闻组上发布、谈论和传播国家秘密信息。

答案：错误

62. 与工作无关的外来人员不得进入实验室。

答案：正确

63. 实验室内彼此保持安静，不得进行娱乐活动。

答案：正确

64. 建立健全安全管理规章制度，完善逐级安全责任制，贯彻执行“谁使用，谁管理”“谁主管，谁负责”的安全工作原则。

答案：正确

65. 夏季天气热时可以在实验室内穿露有脚趾的鞋。

答案：错误

66. 未经指导教师许可，不得搬弄仪器、设备，以及擅自开始实验。实验时，应注意安全，按要求操作，如发现异常立即停止。

答案：正确

67. 实验室安全与卫生工作应坚持“安全第一，预防为主”的原则。

答案：正确

68. 实验室的接线板应远离可能有水的位置和高温环境。

答案：正确

69. 电炉、烘箱等用电设备在使用中，使用人员不得离开。

答案：正确

70. 因实验需要，仪器设备可以随便拆装。

答案：错误

71. 大型仪器和设备须接地良好，对电线老化等隐患要定期检查并及时排除。

答案：正确

72. 人工呼吸的方法是捏紧伤者鼻孔，深吸一口气后紧贴伤者的口向口内吹气，时间约为2s，吹气完毕后，立即松开伤者的鼻孔，让他自行呼气，时间约3s。如此以每分钟约12次的速度进行。

答案：正确

73. 胸外心脏挤压法是救护者跪在触电者一侧或骑跪在其腰部两侧，两手相叠，手掌根部放在伤者心窝上方、胸骨下，掌根用力垂直向下挤压，压出心脏里面的血液，挤压后迅速松开，胸部自动复原，血液充满心脏，以每分钟 60 次速度进行。

**答案：**正确

74. 心脏骤停者应立即进行胸外心脏按压术，同时拨打 120。现场抢救成功的心肺复苏患者或重症患者，如昏迷、惊厥、休克、深度青紫等，应立即送医院治疗。

**答案：**正确

75. 护送病人时，应取掉口中异物，采用平卧位，头部稍低，保持呼吸畅通。

**答案：**正确

76. 发生意外后先对伤员进行必要的止血、包扎、固定等处理，然后尽可能用担架搬运，搬运时病人始终脚朝前，头朝后，以便于随时观察伤者情况变化，及时实施急救处理。

**答案：**正确

77. 报完火警后派人到单位门口、交叉路口等候消防车，并带领消防车迅速赶到火场。

**答案：**正确

78. 急救时伤口包扎松劲适度，不可过紧或过松，以防滑脱或压迫神经和血管，影响远端血液循环，甚至造成肢体坏死。

**答案：**正确

79. 实施急救的顺序：若有呼吸心跳停止的，先行复苏，然后是止血、包扎、骨折固定或脱臼复位（固定）、搬运。

**答案：**正确

80. 火或热水等引起的小面积烧伤、烫伤，必须用冷水冲洗 30min 以上，然后用烧伤膏涂抹，切不可用牙膏、酱油、盐等覆盖。

**答案：**正确

81. 火或热水等引起的大面积烧伤、烫伤，必须用湿毛巾、湿布、湿棉被覆盖，然后送医院进行处理。

**答案：**正确

82. 触电时，不可人去拉（可用木棒把伤员挑开），应立即切断电源，然后先做人工呼吸，再做心脏按压，同时打 120 送医院进行处理。

**答案：**正确

83. 突发性不可抗拒的雷电、水灾、地震、房屋垮塌等自然灾害事故发生后，应在领导小组的指挥下，马上组织疏散、抢救现场工作人员或进行人员自助自救，以确保人员的人身安全，做好善后工作。

**答案：**正确

84. 实验中遇到一般割伤，应立即取出伤口内的异物，保持伤口干净，并用酒精棉清除伤口周围的污物，涂上外伤膏或消炎粉。

**答案：**正确

85. 实验中遇到严重割伤，可在伤口上部 10cm 处用砂布扎紧，减慢流血，并立即送医院。

**答案：**正确

86. 实验中遇到一般烫伤和烧伤，不要弄破水泡，在伤口处用 95% 的酒精轻涂伤口，涂上烫伤膏或涂一层凡士林油，再用纱布包扎。

**答案：**正确

87. 如遇呼吸道吸进有毒气体、蒸气、烟雾而引起呼吸系统中毒时，应立即将病人移至室外空气新鲜的地方，解开衣领，使之温暖和安静，切勿随便进行人工呼吸。

答案：正确

88. 实验室人员发生触电时，应迅速切断电源，将触电者上衣解开，取出口中异物，然后进行人工呼吸。当患者恢复呼吸时，应立即送医院。

答案：正确

89. 当有人发生触电事故时，应马上直接将其拉开。

答案：错误

90. 发现有人触电，应立即切断电源，不能直接拉触电者，应用木棒或其他绝缘物将人与带电体分离。

答案：正确

91. 雷电发生时，如果作业人员孤立处于暴露区时，应该立即双手抱膝下蹲，向前弯曲。

答案：正确

92. 在触电现场，若触电者已经没有呼吸或脉搏，此时可以判定触电者已经死亡，可以放弃抢救。

答案：错误

93. 触电紧急救护时，首先应使触电者脱离电源，然后立即进行人工呼吸、心脏按压。

答案：正确

94. 进行需要戴防护眼镜的实验时，戴隐形眼镜的近视者可不戴防护眼镜。

答案：错误

95. 在维修、保养仪器时，应先断电并确保无人能开启仪器。

答案：正确

96. 安全事故处理应本着先人后物的原则，果断、坚决地快速处置。

答案：正确

97. 实验过程中如发生事故，应冷静妥善地处理，尽量把事故解决在萌芽状态。若较为严重，有危及人身安全可能时，应及时撤离现场，并通知邻近实验室工作人员迅速撤离，尽快报警。

答案：正确

98. 做实验时要爱护实验设备，同时注意自身的安全，避免发生事故。

答案：正确

99. 学生进实验室之前要参加安全教育和培训，经培训、考核合格后方可进入实验室学习与工作；学生要在老师指导下开展实验研究。

答案：正确

100. 实验室安全是指自己、他人的人身安全，仪器设备的安全和环境的安全。

答案：正确

101. 由于行为人的过失引起火灾，造成严重后果，危害公共安全的行为，将构成重大责任事故罪。

答案：正确

102. 实验室发生安全事故的主要原因有：操作不慎、粗心大意、设施老化、缺少防护设施等。

答案：正确

103. 实验室安全事故的表现形式主要有：火灾、爆炸、中毒、灼伤、病原微生物感染、辐照和机电伤人等。

**答案：** 正确

104. 正在进行实验时，可戴着防护手套接听电话。

**答案：** 错误

105. 发生各类案件时应立即报案，妥善保护案发现场，若有人受伤，在救人时应尽可能记住现场破坏前的情况（如手机拍照等）。

**答案：** 正确

106. 教师应学习研究有关实验室安全的知识，同时在理论教学和实验中对学生进行安全知识教育、教会学生如何正确使用实验设备和实验操作，教会学生在突发事故发生时如何自我保护、相互救援、安全撤离。

**答案：** 正确

107. 在实验室发生事故时，现场人员应迅速组织、指挥，切断事故源，尽量阻止事态蔓延、保护现场；及时有序地疏散学生等人员，对现场已受伤人员作好自助自救、保护人身及财产。

**答案：** 正确

108. 有“严禁烟火”警示牌的大楼和实验室，可不必配置必要的消防、冲淋、洗眼、报警和逃生设施及有明显标志。

**答案：** 错误

109. 使用 U 盘拷贝资料，应先对 U 盘杀毒，防止病毒感染。

**答案：** 正确

110. 创造安全、卫生的实验室工作环境，仅仅是实验工作人员的责任。

**答案：** 错误

111. 加强计算机的安全管理，建立病毒防护系统并不断加以更新，重要的数据资料应定期进行备份。

**答案：** 正确

112. 实验室发生火警、火灾时，应立即采取措施灭火，并报保卫处或 119。

**答案：** 正确

113. 发现实验室楼的配电箱起火，可以用楼内的消火栓放水灭火。

**答案：** 错误

114. 二氧化碳灭火器使用不当，可能会造成冻伤。

**答案：** 正确

115. 在附近无水源，身上着火来不及脱衣服时，应就地打滚，将火苗压灭进行自救。

**答案：** 正确

116. 液体着火时，应用灭火器灭火，不能用水扑救或其他物品扑打。

**答案：** 正确

117. 实验室发生火灾时，乘坐电梯疏散既快速又安全省力。

**答案：** 错误

118. 消防工作的方针是：“预防为主，防消结合”，实行消防安全责任制。

**答案：** 正确

119. 使用手提灭火器时，拔掉保险销，对准着火点根部用力压下压把，灭火剂喷出，就可以灭火。

**答案：**正确

120. 若被火场浓烟所困，应迅速起身跑出火场。

**答案：**错误

121. 实验室应配备相应的消防器材，参加实验人员要熟悉其存放位置及使用方法并掌握有关的灭火知识。

**答案：**正确

122. 实验室必须配备符合本室要求的消防器材，消防器材要放置在明显或便于拿取的位置。严禁任何人以任何借口把消防器材移作他用。

**答案：**正确

123. 当发生火情时，应尽快沿着疏散指示标志和安全出口方向迅速离开火场。

**答案：**正确

124. 大火封门无路可逃时，可用浸湿的被褥、衣物堵塞门缝，向门上泼水降温，以延缓火灾蔓延时间，呼叫待援。

**答案：**正确

125. 爆炸是指物质瞬间突然发生物理或化学变化，同时释放出大量的气体和能量（光能、热能、机械能）并伴有巨大声响的现象。

**答案：**正确

126. 实验室一旦发生起火，不要惊慌失措，应利用消防器材，采取有效措施控制、扑灭火灾。

**答案：**正确

127. 火灾发生后，千万不要盲目跳楼，可利用疏散楼梯、阳台、窗口等逃生自救。也可用绳子或把床单、被套等撕成条状连成绳索，紧拴在窗框、铁栏杆等可靠的固定物上，用毛巾、布条等保护手心，顺绳滑下，或下到未着火的楼层进行逃生。

**答案：**正确

128. 当可燃烧液体呈流淌状燃烧时，应将灭火剂的喷流对准火焰上部由近而远并且左右扫射，向前快速推进，直至火焰扑灭。

**答案：**错误

129. 如果可燃液体在容器内燃烧时，应从容器的一侧上部并向容器中喷射但注意不能将喷流直接喷射在燃烧液面上，防止灭火剂的冲力将可燃液体冲出容器而扩大火势。

**答案：**正确

130. 扑救毒害性、腐蚀性或燃烧产生毒害性较强的火灾时，必须佩戴防护面具。

**答案：**正确

131. 火灾发生后，穿过浓烟逃生时，必须尽量贴近地面，并用湿毛巾捂住口鼻。

**答案：**正确

132. 火灾发生后，受到火势威胁时，要当机立断披上浸湿的衣物、被褥等向安全出口方向冲去。

**答案：**正确

133. 火灾发生后，当所有的逃生线路被大火封锁时，应立即退回室内，用手电筒、挥舞衣物、呼叫等方式向窗外发送求救信号，等待救援。

**答案：** 正确

134. 冷却灭火法是将可燃物冷却到其燃点以下，停止燃烧反应。

**答案：** 正确

135. 水具有导电性，不宜扑救带电设备的火灾，可以扑救遇水燃烧物质或非水溶性燃烧液体的火灾。

**答案：** 错误

136. 灭火器按其移动形式可分为手提式和推车式。

**答案：** 正确

137. 电气设备发生火灾时，应注意：电气设备可能带电，可能发生触电事故；某些电气设备充有大量的油，可能发生喷油甚至爆炸。

**答案：** 正确

138. 在熟睡时，听到火警信号后正确的做法是：用手试一试门是否热，如是冷的，可开门逃生；准备好湿毛巾；切勿随意跳楼，自制救生绳索后再设法安全着落；利用自然条件作为救生滑道。

**答案：** 正确

139. 在室外灭火时，应站在顺风位置。

**答案：** 错误

140. 灭火的四种方法是隔离法、窒息法、冷却法、化学抑制法。

**答案：** 正确

141. 仪器设备用电或线路发生故障着火时，应立即将人员疏散，并组织人员用灭火器进行灭火。

**答案：** 错误

142. 火灾对实验室构成的威胁最为严重，最为直接，应加强对火灾三要素（易燃物、助燃物、点火源）的控制。

**答案：** 正确

143. 实验室常用的灭火方法是用水灭火、砂土灭火、灭火器。

**答案：** 正确

144. 实验大楼因出现火情发生浓烟时应迅速离开，当浓烟已穿入实验室内时，要沿地面匍匐前进，因地面层新鲜空气较多，不易中毒而窒息，有利于逃生。当逃到门口时，千万不要站立于开门，以避免被大量浓烟熏倒。

**答案：** 正确

145. 实验室内出现火情逃到室外走廊时，要尽量做到随手关门，这样一来可阻挡火势随人运动而迅速蔓延，增加逃生的有效时间。

**答案：** 正确

146. 实验大楼出现火情时千万不要乘电梯，因为电梯可能因停电或失控，同时又因“烟囱效应”，电梯井常常成为浓烟的流通道。

**答案：** 正确

147. 实验室内出现火情被困在室内时，应迅速打开水龙头，将所有可盛水的容器装满水，并把毛巾打湿。用湿毛巾捂嘴，可以遮住部分浓烟不被吸入。

答案：正确

148. 电气线路着火，要先切断电源，再用干粉灭火器或二氧化碳灭火器灭火，不可直接泼水灭火，以防触电或电气爆炸伤人。

答案：正确

149. 电气设备着火时，可以用水扑灭。

答案：错误

150. 被困在电梯中应尽快扒开门脱险。

答案：错误

151. 燃烧必须具备可燃物、助燃物和点火源三大条件，缺一不可。因此，可以采取隔离的方式来防止实验室火灾的发生。

答案：正确

152. 因吸入少量氯气、溴蒸气而中毒，可用碳酸氢钠溶液漱口，不可进行人工呼吸。

答案：正确

153. 溅入口中已下咽的强碱，先饮用大量水，再服用乙酸果汁，鸡蛋清。

答案：正确

154. 溅入口中已下咽的强酸，先饮用大量水，再服用氢氧化铝膏，鸡蛋清。

答案：正确

155. 溅入口中已下咽的毒物，应根据毒物的性质服解毒剂，并立即送医院。

答案：正确

156. 消防工作实行防火安全责任制。

答案：正确

157. 首次进入实验室做实验首先要做的事情是看使用说明后自己直接进行设备操作。

答案：错误

158. 电源插座、接线板、电线的容量应满足电器功率的需要。

答案：正确

159. 实验室内不得停放自行车、电动车、汽车。

答案：正确

160. 实验室应保持整洁有序，不准喧哗、打闹、抽烟。

答案：正确

161. 为保证安全用电，配电箱内所用的保险丝应该尽量粗。

答案：错误

162. 为了预防电击（触电），电气设备的金属外壳须接地，最好是埋设接地电阻很小的专用地线。

答案：正确

163. 进行电气维修必须先关掉电源，在设置告知牌后，方可进行。

答案：正确

164. 空调电源必须单独拉线，不得使用接线板。

答案：正确

165. 不得在冰箱、烘箱等加热、产热设备附近放置纸板、化学试剂、气体钢瓶等物品。

答案：正确

166. 不准在实验室打闹，不准随意攀登大型设备，不准在吊车吊运物体运行线上行走或停留。

**答案：** 正确

167. 外来人员可随便操作实验室仪器设备。

**答案：** 错误

168. 进入化学、化工类实验室，可以不穿实验服。

**答案：** 错误

169. 从事特种作业（如电工、焊工、辐射等）的人员，必须接受相关的专业培训，通过考核并持有相应的资质证书才能上岗。

**答案：** 正确

170. 实验室发生非火灾类事故，应立即报告单位负责人和学校保卫处，设立警戒区并撤离无关人员，以减轻潜在危害。

**答案：** 正确

171. 不能将实验室易燃易爆物品带出实验室。

**答案：** 正确

172. 易燃、易爆气体和助燃气体（氧气等）的钢瓶不得混放在一起，并应远离热源和火源，保持通风。

**答案：** 正确

173. 实验室必须妥善保管消防器材和防盗装置，并定期检查。消防器材不得移作他用，周围禁止堆放杂物。

**答案：** 正确

174. 实验室地面出现溢水的主要原因之一是忘记关闭水龙头，尤其停水时忘关水龙头，因此离开实验室时要认真检查。

**答案：** 正确

175. 实验室应对仪器设备加强维护保养，定期校验和检修。

**答案：** 正确

176. 实验室灭火的方法要针对起因选用合适的方法。一般小火可用湿布、石棉布或沙子覆盖燃烧物即可灭火。

**答案：** 正确

177. 只要气瓶的耐压标准相同，就可以根据需要将实验室中的一种气瓶改装其他种类的气体。

**答案：** 错误

178. 在易燃、易爆、易灼烧及有静电发生的场所作业的人员，可以穿着化纤防护用品。

**答案：** 错误

179. 在实验室进行有潜在危险的工作时，必须有第二者陪伴。

**答案：** 正确

180. 遇火、遇潮容易燃烧、爆炸或产生有毒气体的化学危险品，不得在露天、潮湿、漏雨或低洼容易积水的地点存放。

**答案：** 正确

181. 易燃气体气瓶与明火距离不小于5m。

答案：正确

182. 消防器材要放置在明显和便于拿取的位置，严禁把消防器材移作他用。

答案：正确

183. 受阳光照射易燃烧、易爆炸或产生有毒气体的化学危险品及桶装、罐装等易燃液体、气体应当在阴凉通风的地点存放。

答案：正确

184. 使用强氧化剂时，环境温度不宜过高，必须通风良好，并不要与有机物或还原性物质共同使用。

答案：正确

185. 使用气瓶时，要用减压阀，各种气体的气压表不得混用，以防爆炸。

答案：正确

186. 实验仪器使用时，要有人在场，不得擅自离开。

答案：正确

187. 实验室安全事故的表现形式主要有火灾、爆炸、毒害、触电、机械伤人和设备损坏。

答案：正确

188. 实验进行前，要了解实验仪器的使用说明及注意事项，实验过程中要严格按照操作规程进行操作。

答案：正确

189. 当有人呼吸系统中毒时，应迅速使中毒者离开现场，移到通风良好的环境中，令中毒者呼吸新鲜空气，情况严重者应及时送医院治疗。

答案：正确

190. 不能携带易燃易爆物品进入教室、宿舍、图书馆等人员聚集场所。

答案：正确

191. 避雷针、避雷网、消雷器是用于防止直击雷的保护装置。

答案：正确

192. 爆炸性混合物的危险性是由它的爆炸极限、传爆能力、引燃温度和最小点燃能量决定的。

答案：正确

193. 安装在有爆炸危险场所的灯具应该是防爆型的。

答案：正确

194. 在进入实验室进行实验操作前，女士必须将长发整理好，以免头发垂下导致危险事故发生。

答案：正确

195. 过期的、不知名的固体化学药品也要妥善保存，由学校统一处理。

答案：正确

196. 凡进行有危险性的实验，应先检查防护措施，确证防护妥当后，才可进行实验。

答案：正确

197. 实验过程中应仔细观察实验现象并及时做好实验记录，原始记录要完整、真实、准确、清楚。

答案：正确

198. 严格按照要求摆放造型工具，使用完的造型工具应及时放入工具箱。

**答案：** 正确

199. 下班离开实验室前，应关闭设备、关水、关气、关电。

**答案：** 正确

200. 实验室内不得使用明火取暖。必须使用明火进行实验的场所，须经批准后，方可进行实验。

**答案：** 正确

201. 实验室工作必须保持严肃、严密、严格、严谨；室内保持整洁有序，不准喧哗、打闹、抽烟。

**答案：** 正确

202. 实验结束，离开实验室时要检查水、电和门窗，确保安全。

**答案：** 正确

203. 损坏了仪器、设备，必须立即向实训老师报告。

**答案：** 正确

204. 在实验室工作的人员务必遵守学校及实验室的各项规章制度和仪器设备的操作规程，做好安全防护。

**答案：** 正确

205. 如果发现有人触电，应立即上前将其拉开，以避免其发生生命危险。

**答案：** 错误

206. 人体触电，双手触电致死比单手触电致死的概率要大得多。

**答案：** 正确

207. 插拔电器插头时手要保持干燥。

**答案：** 正确

208. 使用过的实验服脱下后，不得与日常衣服放在一起，也不得放在洁净区域。

**答案：** 正确

209. 危险废弃物是指有潜在的生物危险、可燃易燃、腐蚀、有毒、放射性的对人、环境有害的一切废弃物。

**答案：** 正确

210. 隔离灭火法是将可燃物与引火源或氧气隔离开来，可防止火势继续扩大。

**答案：** 正确

211. 扑救气体火灾切忌盲目扑灭火势，首先应切断火势蔓延途径，然后疏散火势中压力容器或受到火焰辐射热威胁的压力容器，不能疏散的部署水枪进行冷却保护。

**答案：** 正确

212. 如果可燃液体在容器内燃烧时，应从容器的一侧上部向容器中喷射但注意不能将喷流直接喷射在燃烧液面上，防止灭火剂的冲力将可燃液体冲出容器而扩大火势。

**答案：** 正确

213. 脑震荡急救时，应让伤员平卧、安静，不可坐起或站立。头部可冷敷，身上保暖。若有昏迷现象者可掐人中、内关穴；如若呼吸发生障碍，可施行人工呼吸。

**答案：** 正确

214. 实验室气体钢瓶必须用铁链、钢瓶柜等固定，以防止倾倒引发安全事故。

答案：正确

215. 只要不影响实验，可以在实验室洁净区域铺床睡觉。

答案：错误

216. 所有的火灾刚开始时都是小火，随着火灾的发展输出的热量越大，火灾蔓延的速度和范围也愈大，所以扑灭初起火灾最容易的。

答案：正确

217. 消防队在扑救火灾时，有权根据灭火的需要，拆除或者破损临近火灾现场的建筑。

答案：正确

218. 在扑灭电气火灾的明火时，用气体灭火器扑灭。

答案：正确

219. 发生火灾时，单位或个人应该先自救，当自救无效、火越着越大时，再拨打火警电话 119。

答案：错误

220. 用灭火器灭火时，灭火器的喷射口应该对准火焰的中部。

答案：错误

221. 灭火器材设置点附近不能堆放物品，以免影响灭火器的取用。

答案：正确

222. 发现实验楼的电闸箱起火，可以用楼内的消火栓灭火。

答案：错误

223. 在着火和救火时，若衣服着火，要赶紧跑到空旷处用灭火器扑灭。

答案：错误

224. 当电气设备发生火灾后，如果可能应当先断电后灭火。

答案：正确

225. 岗位消防安全“四知四会”中的“四会”是指：会报警，会使用消防器材，会扑救初期火灾，会逃生自救。

答案：正确

226. 身上着火被熄灭后，应马上把粘在皮肤上的衣物脱下来。

答案：错误

227. 电气设备着火，首先必须采取的措施是灭火。

答案：错误

228. 万一发生了火灾，不管是否是电气方面引起的，首先要想办法迅速切断火灾范围内的电源。

答案：正确

229. 若实验室门外已被大火封死，要紧闭房门，用湿毛巾等堵塞门缝，在室内等待救援。

答案：正确

230. 劳动保护用品的作用是减少和降低职业危害和避免伤害，确保劳动者的安全和健康。

答案：正确

231. 火场上扑救原则是先人后物、先重点后一般、先控制后消灭。

答案：正确

232. 当单位的安全出口上锁、遮挡，或者占用、堆放物品影响疏散通道畅通时，单位应当责令有关人员当场改正并督促落实。

**答案：** 正确

233. 凡是能引起可燃物着火或爆炸的热源统称为点火源。

**答案：** 正确

234. 使用过的油棉纱、油手套等沾油纤维物品以及可燃包装，应放在安全地点，且定期处理。

**答案：** 正确

235. 电加热设备必须有专人负责使用和监督，离开时要切断电源。

**答案：** 正确

236. “ABC 干粉灭火器”的意思是能灭 A 类、B 类和 C 类火灾。

**答案：** 正确

237. 做实验时，关合刀闸应当尽量慢以保护设备。

**答案：** 错误

238. 实验室的化学药品一定要标明其名称，以免误用。

**答案：** 正确

239. 实验室的废液可以放入同一个废液桶中进行处理。

**答案：** 错误

240. 实验过程中应尽量避免实验仪器在夜间无人看管的情况下连续运转。如果必须在夜间使用，应严格检查实验仪器的自控装置、漏电保护装置及空气开关等，保证其工作正常。

**答案：** 正确

241. 可以用烘箱干燥有爆炸危险性的物质。

**答案：** 错误

242. 酒精灯不再使用时，应立刻用嘴吹灭。

**答案：** 错误

243. 具有高压电容器的电子仪器对于使用者来说打开仪器盖是危险的。

**答案：** 正确

244. 只要涉及有毒害或有刺激性气体发生的实验应在通风柜内进行，应加强个人防护，不得把头部伸进通风柜内。

**答案：** 正确

245. 在实验过程中，对沾染过有毒物质的仪器和用具，实验完毕应立即采取适当方法处理，以破坏或消除其毒性。

**答案：** 正确

246. 存有易燃易爆危险化学品的实验室，禁止使用明火。

**答案：** 正确

247. 初次进入实验室的实验操作人员应了解实验室具体的潜在危险，认真阅读、理解安全手册和操作手册。

**答案：** 正确

248. 消防通道的宽度不应小于 3.5m。

**答案：** 正确

249. 干粉灭火器可用于扑救精密仪器的火灾。

**答案：** 错误

250. 火灾发生后，假如逃生之路已被切断，应退回室内、封闭通往燃烧房间的门窗，并向门窗上泼缓火势发展，同时打开未受烟火威胁的窗户，发出求救信号。

**答案：** 正确

# 第二模块　电仪类安全知识

## 一、单选题

**1. 以下标志属“有电危险”的是________。**

A. 　B. 　C. 　D. 

答案：A

**2. 预防触电的一条重要措施是用电设备的金属外壳要有效接地，下列选项中可靠的接地点有________。**

A. 实训场所的自来水管是埋设于地下的金属管相连的，可用来接地

B. 三相供电中的中性点电压应该为零，可以选择这个中性点来接地

C. 单相供电的 2 根线分别称为火线和地线，选择其中的地线接地

D. 专门埋设地下、保证接地电阻很小专用地线

答案：D

**3. 使用电气设备时，由于维护不及时，________进入时可导致短路事故。**

A. 潮气　B. 导电粉尘或纤维　C. 强光辐射　D. 高温环境

答案：B

**4. 设备或线路确认无电，应以________指示作为根据。**

A. 正常的验电工具　B. 电压表　C. 电流表　D. 断开信号

答案：A

**5. 移动式电动工具及其开关板（箱）的电源线必须采用________。**

A. 单股铜芯塑料软线

B. 双层塑料铜芯绝缘导线

C. 双股铜芯塑料软线

D. 铜芯橡胶绝缘护套或铜芯聚氯乙烯绝缘护套软线

答案：D

**6. 长期搁置不用的手持电动工具，在使用前必须测量绝缘电阻，要求手持电动工具带电部分与外壳之间绝缘电阻不低于________MΩ。**

A. 5　B. 0.5　C. 2　D. 5.5

答案：B

**7. 对于高压电容器，实验结束后或闲置时，________处理最合适。**

A. 双电极短接（串接合适电阻进行放电）　B. 双电极接地

C. 电极接地　D. 不处理

答案：A

**8. 以下标志属“当心电离辐射”的是________。**

A.  B.  C.  D. 

答案：B

**9. 以下有关实验室用电的注意事项中，不正确的是________。**

A. 工作人员离开实验室或遇突然断电，应关闭电源，尤其要关闭加热电器的电源开关

B. 电源或电器设备的保险丝烧断后，可以用其他金属导线代替

C. 不得将供电线任意放在通道上，以免因绝缘破损造成短路

D. 实验前先检查用电设备再接通电源；实验结束后先关仪器设备，再关闭电源

答案：B

**10. 停电检修时，在一经合闸即可送电到工作地点的开关或刀闸的操作把手上，应悬挂如下________标示牌。**

A.“止步，高压危险” B.“在此工作”

C.“禁止合闸，有人工作” D.“今日休息”

答案：C

**11. 使用手持电动工具时，下列________措施不正确。**

A. 使用漏电保护器 B. 使用静电防护毯

C. 戴防护手套 D. 穿绝缘鞋

答案：B

**12. 任何电气设备在未验明无电之前，一律认为________。**

A. 也许无电 B. 无电 C. 也许有电 D. 有电

答案：D

**13. 电路实验中，下列________操作是错误的。**

A. 电流源能短路 B. 电压源不能短路

C. 电流源不能短路 D. 上述操作都是正确的

答案：C

**14. 以下标志属“维修中请注意”的是________。**

A.  B. 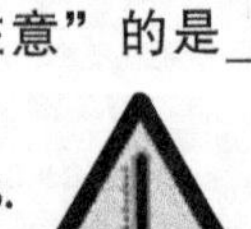 C.  D. 

答案：C

**15. 使用电烙铁应注意________。**

A. 周围不得放置易燃物品 B. 不能乱甩焊锡

C. 及时放回烙铁架，用完及时切断电源 D. 以上都是

答案：D

**16. 万用表使用完后，应将切换旋钮放在________。**

A. 电流挡 B. 电阻挡 C. 直流电压挡 D. 交流电压最高挡

答案：D

**17. 因实验需要拉接电源线，下列说法正确的是________。**

A. 插座不足时，可连续串接

B. 插座不足时，可连续分接

C. 不得任意放置于通道上，以免因绝缘破损造成短路或影响通行

D. 不考虑负荷容量

答案：C

**18. 电分强电和弱电，下列说法正确的是________。**

A. 弱电开关等元件可用在强电电路　　B. 强电和弱电开关等元件可通用

C. 弱电开关等元件不可用在强电电路　　D. 开关不分强弱

答案：C

**19. 在需要带电操作的低电压电路实验时，下列哪种是正确的________。**

A. 单手操作比双手操作安全　　B. 单手操作和双手操作一样安全

C. 操作与空气湿度有关　　D. 双手操作比单手操作安全

答案：A

**20. 强电实验时，实验人员必须________人以上。**

A. 1　　B. 2　　C. 3　　D. 4

答案：B

**21. 雷电由于瞬间的强大电流释放巨大能量，不仅会伤及人员，还会损坏设备，甚至引起火灾。请在下列选项中选择室内防止雷电灾害最主要的一项措施________。**

A. 雷雨时不使用计算机上网，而且尽可能关闭机器，拔掉电源线和网线

B. 雷雨发生时不使用手机

C. 在较高建筑的顶端及露天的配电设施要装避雷装置

D. 不使用电烙铁

答案：C

**22. 以下标志属“必须按规程操作”的是________。**

A. 

B. 

C. 

D. 

答案：C

**23. 如果工作场所潮湿，为避免触电，使用手持电动工具的人应________。**

A. 戴上安全帽　　B. 站在铁板上操作

C. 站在绝缘胶板上操作　　D. 穿防静电鞋操作

答案：C

**24. 在进行电子线路板焊接后的剪脚工序时应________。**

A. 戴上手套　　B. 戴上防护眼镜　　C. 戴上护耳器　　D. 戴上安全帽

答案：B

**25. 电气设备的外壳应有什么防护措施________。**

A. 不需要　　B. 防锈漆　　C. 保护性接地　　D. 绝缘

答案：C

**26. 为防止静电火花引起事故，凡是用来加工、储存、运输各种易燃气、液、粉体的金属设备、非导电材料都必须________。**

A. 可靠接地　　　B. 有足够大的电阻　　C. 有足够小的电阻　　D. 可靠绝缘

答案：A

**27. 摩擦是产生静电的一种主要原因，尤其在干燥的环境中，人体的活动和物体的移动都会产生很强的静电。静电在突然释放时会对人体或设备造成损伤，以下________是防止静电事故的主要办法。**

A. 人体接触对静电敏感设备时提前释放自己身体中积累的电荷，例如戴静电防护手环、使用静电防护毯

B. 在易产生静电的场所梳理头发

C. 用电设备都良好接地

D. 保证电路良好的绝缘

答案：A

**28. 静电的电量虽然不大，但其放电时产生的静电火花有可能引起爆炸和火灾，比较常见的是放电时瞬间的电流造成精密实验仪器损坏，不正确的预防措施有________。**

A. 计算机进行维护时，使用防静电毯

B. 适当提高工作场所的湿度

C. 进行特殊危险实验时，操作人员应该先接触设置在安全区内的金属接地棒，以消除人体电位

D. 在易产生静电的场所梳理头发

答案：D

**29. 下列________是预防电气火灾的基本措施。**

A. 从工作现场清除易燃易爆材料

B. 禁止非电工改接电气线路，禁止乱拉临时用电线路

C. 做电气类实验时应该 2 人及以上在场

D. 以上都是

答案：D

**30. 为了减少电击（触电）事故对人体的损伤，经常用到电流型漏电保护开关，其保护指标设置为≤30mA·s。下列选项中其正确含义是________。**

A. 流经人体的电流必须小于 30mA

B. 流经人体的电流（mA）和时间（s）的乘积小于 30。例如电流为 30mA，则持续的时间必须小于 1s

C. 流经人体电流的持续时间必须小于 1s

D. 流经人体的电流必须小于 30μA

答案：B

**31. 以下标志属“高压危险”的是________。**

A. 　　B. 　　C. 　　D. 

答案：B

**32. 安全电压是指保证不会对人体产生致命危险的电压值，工业中使用的安全电压是________。**

A. 25V　　B. 36V　　C. 50V　　D. 110V

**答案：**B

**33. 下列有关使用漏电保护器的说法中，________是正确的。**

A. 漏电保护器既可用来保护人身安全，还可用来对低压系统或设备对地绝缘状况起到监督作用

B. 对两相触电起保护作用

C. 漏电保护器安装点以后的线路不可对地绝缘

D. 漏电保护器在日常使用中不可在通电状态下按动实验按钮来检验其是否可靠

**答案：**A

**34. 工作地点相对湿度大于75%时，属于________环境。**

A. 一般　　B. 危险、易触电　　C. 不危险　　D. 特殊

**答案：**B

**35. 单相三芯线电缆中的红线代表________。**

A. 地线　　B. 零线　　C. 火线　　D. 不明确

**答案：**C

**36. 漏电保护器可防止________。**

A. 电压波动　　B. 电流过大　　C. 触电事故　　D. 双手触电事故

**答案：**C

**37. 安装使用漏电保护器，是属于________安全技术措施。**

A. 应急安全措施　　B. 基本安全措施　　C. 辅助安全措施　　D. 绝对安全措施

**答案：**B

**38. 低压电笔一般适用于________以下的交流电压。**

A. 220V　　B. 110V　　C. 500V　　D. 380V

**答案：**C

**39. 引发电气火灾的初始原因是________。**

A. 线路或设备过电流运行　　B. 电源保险丝不起作用

C. 带电改接电气线路　　D. 没有保护性接零或接地

**答案：**A

**40. 测量绝缘电阻可用________。**

A. 万用表　　B. 示波器　　C. 试电笔　　D. 兆欧表

**答案：**D

**41. 以下标志属“当心静电”的是________。**

A. 　　B. 　　C. 　　D. 

**答案：**D

**42. 自耦变压器的输出端指示电压为零时，表示________。**

A. 不带电

B. 是安全的

C. 未必是安全的（若输入端零、火线未按要求接，变压器副边会有高压）

答案：C

**43. 交流电路断电后，内部的电容可能会________。**

A. 使人触电　　B. 用仪表测量电容值时，会损坏仪表

C. 有高电压　　D. 以上都是

答案：D

**44. 漏电开关的作用是当发生触电和________等故障时，漏电开关动作切断电源。**

A. 设备漏电接地　　B. 接地　　C. 设备漏电

答案：B

**45. 影响电流对人体伤害程度的主要因素是________。**

A. 电流的大小　　B. 触电电流经人体的途径

C. 电流的频率、人体电阻　　D. 以上都是

答案：D

**46. 动力配电线五线制 U、V、W、零线、地线的色标分别为________。**

A. 红、蓝、双色线、黄、绿　　B. 蓝、双色线、黄、绿、红

C. 黄、绿、红、蓝、双色线　　D. 双色线、黄、绿、红、蓝

答案：C

**47. 长期在高频电磁场作用下，操作者会有________不良反应。**

A. 疲劳无力　　B. 呼吸困难　　C. 精神失常　　D. 心跳减慢

答案：A

**48. 三相电闸闭合后或三相空气开关闭合后，三相电机嗡嗡响、不转或转速很慢的原因是________。**

A. 开路　　B. 短路　　C. 缺相　　D. 三相电源对称

答案：C

**49. 下列________灭火器不适于扑灭电器火灾。**

A. 二氧化碳灭火器　　B. 泡沫灭火器　　C. 干粉灭火器

答案：B

**50. 电源电压高于电容耐压时，会引起________。**

A. 电容发热　　B. 电容短路

C. 电容不会爆裂　　D. 电容爆裂而伤害到人

答案：D

**51. 以下标志属“注意磁场”的是________。**

A. 　　B. 　　C. 　　D. 

答案：D

**52. 实验时，电源变压器副边输出被短路，会出现________现象，直至烧毁。**

A. 电源变压器冒烟　　B. 电源变压器发热　　C. 电源变压器有异味　　D. 以上都是

答案：D

**53. 在有电阻、电容、电感的电路中，电源电压是几十伏，电容或电感的电压可能是________。**

A. 几十伏　　B. 不超过电源电压　　C. 上百伏　　D. 上万伏

答案：C

**54. 电线接触地时，人体距离接地点越近，跨步电压越高；距离越远，跨步电压越低。一般情况下距离接地体________，跨步电压可看成是零。**

A. 10m 以内　　B. 20m 以外　　C. 30m 以外　　D. 40m 以外

答案：B

**55. 引起电器线路火灾的原因是________。**

A. 线路短路　　B. 电火花　　C. 电器负荷过载　　D. 以上都是

答案：A

**56. 在遇到高压电线断落地面时，导线断落点________内，禁止人员进入。**

A. 10m　　B. 20m　　C. 30m　　D. 40m

答案：B

**57. 进行照明设施的接电操作，应采取的防触电措施为________。**

A. 站在金属登子或梯子上　　B. 湿手操作

C. 切断电源　　D. 戴上手套

答案：C

**58. 一般居民住宅、办公场所，若以防止触电为主要目的时，应选用漏电动作电流为________的漏电保护开关。**

A. 10mA　　B. 15mA　　C. 20mA　　D. 30mA

答案：D

**59. 以下标志属“当心微波”的是________。**

A. 　　B. 　　C. 　　D. 

答案：C

**60. 发生触电事故的危险电压一般是________以上。**

A. 36V　　B. 48V　　C. 65V　　D. 72V

答案：C

**61. 静电电压最高可达________，放电时易产生静电火花，引起火灾。**

A. 上十伏　　B. 上百伏　　C. 上千伏　　D. 上万伏

答案：D

**62. 电线插座损坏时，既不美观也不方便工作，并造成________。**

A. 吸潮导致漏电　　B. 空气开关跳闸　　C. 人员触电伤害　　D. 以上都是

答案：D

**63. 国内民用照明电路电压为________。**

A. 直流电压 110V　　B. 交流电压 110V　　C. 交流电压 220V　　D. 交流电压 380V

答案：C

**64. 人体在电磁场作用下会受到不同程度的伤害，其原因是________。**

A. 电压　　B. 电流　　C. 静电　　D. 电磁波辐射

答案：D

65. 漏电保护器对下列________情况不起作用。

A. 双手碰到两相电线　B. 单手碰到带电体

C. 人体碰到带电设备　D. 人体碰到漏电机壳

答案：A

66. 电器着火时下列不能用的灭火方法是________。

A. 用 1211 灭火器灭火　B. 用沙土灭火　C. 用水灭火

答案：C

67. 以下标志属“当心自动启动”的是________。

A.  B.  C.  D. 

答案：B

68. 触电事故中，绝大部分是________导致人身伤亡的。

A. 人体接受电流遭到电击　B. 电休克　C. 烧伤

答案：A

69. 如果触电者伤势严重，呼吸停止或心脏停止跳动，应竭力施行________和胸外心脏按压。

A. 人工呼吸　B. 点穴　C. 按摩

答案：A

70. 使用漏电保护器是防止________。

A. 触电事故　B. 电压波动　C. 电荷超负荷

答案：A

71. 下列________灭火器适于扑灭电气火灾。

A. 干粉灭火器　B. 二氧化碳灭火器　C. 泡沫灭火器

答案：B

72. 金属梯子不适于________。

A. 有触电机会的工作场所　B. 坑穴或密闭场所　C. 高空作业

答案：A

73. 实验室内各固定电线插座损坏时，将会引起________。

A. 不美观　B. 触电伤害　C. 工作不方便

答案：B

74. 以下标志属“有人工作禁止合闸”的是________。

A.  B.  C.  D. 

答案：A

75. 检修高压电动机时，下列行为错误的是________。

A. 在运行的高压电动机的接地线上进行检修工作

B. 首先实施停电措施，再在电动机及其附属装置的回路上进行检修工作

C. 检修完毕，需进行通电实验时，工作人员撤离现场，再送电试运转

答案：A

**76. 装用漏电保护器，属于________安全技术措施。**

A. 基本安全措施　　B. 辅助安全措施　　C. 绝对安全措施

**答案：**A

**77. 扑救电气设备火灾时，不能用________灭火器。**

A. 二氧化碳灭火器　　B. 四氯化碳灭火器　　C. 泡沫灭火器

**答案：**C

**78. 使用的电气设备按有关安全规程，其外壳应有________防护措施。**

A. 防锈漆　　B. 保护性接零或接地　　C. 防护罩

**答案：**B

**79. 在进行电子底板贴焊、剪脚等工序时应________。**

A. 戴上安全帽　　B. 戴上防护眼镜　　C. 戴上护耳器　　D. 戴上口罩

**答案：**B

**80. 倒闸操作应由________进行。**

A. 1 人　　B. 2 人　　C. 3 人

**答案：**B

**81. 下列电路图中，属于短路电路的是________。**

A. 　　B. 　　C. 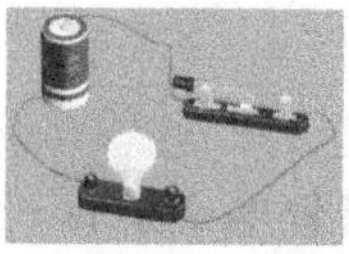

**答案：**A

**82. 安装在室外的落地低压配电变压器，四周应设置安全围栏，其围栏高度不低于________。**

A. 1.5m　　B. 1.8m　　C. 2.5m

**答案：**B

**83. 安装在室外的落地低压配电变压器，四周应设置安全围栏，其围栏各侧应该悬挂________的警告牌。**

A.“有电请注意”　　B.“止步，危险”　　C.“有电危险，严禁入内”

**答案：**C

**84. 室外配电箱应牢固地安装在支架或基础上，箱底距地面高度不低于________ m，并采取防止攀登的措施。**

A. 0.5　　B. 1.0　　C. 1.5

**答案：**B

**85. 室内配电箱明装于墙壁时，底部距地面________ m。**

A. 1.2　　B. 1.8　　C. 2.5

**答案：**A

**86. 控制开关应垂直安装，并且________。**

A. 不分上下端，可随意安装　　B. 上端接负荷，下端接电源

C. 上端接电源，下端接负荷

**答案：**C

**87. 国标规定，电压在________ V 以下不必考虑防止电击的危险。**

A. 25　　B. 36　　C. 65

答案：A

**88. 下列触电方式中，危险性大的是________。**

答案：B

**89. 三线电缆中的红线代表的是________。**

A. 零线　　B. 地线　　C. 火线

答案：C

**90. 发生电气火灾后，首先应该采取的第一条措施是________。**

A. 打电话报警　　B. 扑灭明火　　C. 切断电源

答案：C

**91. 对比水轻又不溶于水的易燃和可燃液体，如汽油、煤油、轻柴油等的火灾，不可以________。**

A. 用水灭火　　B. 用沙掩盖

C. 用泡沫覆盖　　D. 用二氧化碳灭火剂

答案：A

**92. 从安全角度考虑，设备停电必须有一个明显的________。**

A. 接地处　　B. 标示牌　　C. 断开点

答案：C

**93. 电烙铁使用完后，应该________。**

A. 不用管　　B. 放在桌子上自然冷却

C. 马上用东西包裹起来　　D. 放在烙铁架上自然冷却

答案：D

**94. 大型仪器一般都使用计算机进行控制，计算机与仪器之间的数据传输线一般在________情况下进行装卸。**

A. 任意时刻都可装卸

B. 在仪器处于工作状态时，装卸数据传输线

C. 在仪器及计算机电源关闭的情况下装卸数据传输线

D. 在计算机处于工作状态时，装卸数据传输线

答案：C

**95. 实验时，电源变压器副边输出被短路，会出现________现象，直至烧毁。**

A. 电源变压器发热　　B. 电源变压器有异味

C. 电源变压器冒烟　　D. 以上都是

答案：D

**96. 电动工具的电源引线，其中黄绿双色线应作为________线使用。**

A. 工作相　　B. 工作零　　C. 保护接地

答案：C

**97. 实验室内的插座距地面的高度一般不低于________。**

A. 0.3m B. 0.4m C. 0.5m D. 0.6m

答案：A

**98. 实验室火灾报警电铃响时，应当________。**

A. 出去了解情况后再决定

B. 打电话求救

C. 立即停止实验，按照紧急预案迅速离开实验室

D. 坚持做完实验后再离开

答案：C

**99. 截面积为 2.5$mm^2$ 的铜芯导线，允许通过的长期电流为________。**

A. 10～20A B. 25～30A C. 35～40A

答案：A

**100. 设备或线路确认无电，应以________指示作为依据。**

A. 电压表 B. 检验正常的验电器 C. 断开信号

答案：B

**101. 施工现场照明设施的接电应采取的防触电措施为________。**

A. 湿手操作 B. 切断电源 C. 站在铁凳子上

答案：B

**102. 四孔的三相电源插座上没有________。**

A. 零线 B. 火线 C. 地线

答案：C

**103. 三孔插座上________孔是火线。**

A. 左下 B. 右下 C. 上

答案：B

**104. 安全电压插座上插孔的形状是________。**

A. 并列两孔 B. 任意三孔 C. 圆形三孔

答案：C

**105. 三相电源线间电压是________。**

A. 110V B. 220V C. 380V

答案：C

**106. 正常情况下一个 10A 的单相电源插座，可以承载的负载是________。**

A. 1500W B. 2000W C. 2500W D. 3000W

答案：B

**107. 在潮湿工作场所和金属容器内使用手提用电工具的安全电压是________。**

A. 12V B. 24V C. 36V D. 42V

答案：A

**108. 低压验电笔一般适用电压小于________。**

A. 220V B. 380V C. 500V

答案：C

**109. 通过人身的安全直流电流是________。**

A. 10mA B. 50mA C. 100mA D. 500mA

答案：B

110. 通过人身的安全交流电流是________。

A. 10mA　B. 50mA　C. 100mA　D. 500mA

答案：A

111. 下列有关使用漏电保护器的说法正确的是________。

A. 漏电保护器既可用来保护人身安全，还可用来对低压系统或设备的对地绝缘状况起到监督作用

B. 漏电保护器安装点以后的线路不可对地绝缘

C. 漏电保护器在日常使用中不可在通电状态下按动实验按钮来检验其是否灵敏可靠

答案：A

112. 电线接地时，人体距离接地点越近，跨步电压越高；距离越远，跨步电压越低。一般情况下距离接地体________，跨步电压可看成是零。

A. 10m 以内　B. 20m 以外　C. 30m 以外

答案：B

113. 保证电气检修人员人身安全最有效的措施是________。

A. 悬挂标示牌　B. 放置遮栏　C. 将检修设备接地并短路

答案：C

114. 在供电中，万一发生电击（触电）事故为了保证不至于对人体产生致命危险，引入了安全电压这一概念。下列选项中，工业中使用的安全电压是________。

A. 25V　B. 36V　C. 50V

答案：B

115. 下列关于实验室用电的注意事项描述中，不正确的是________。

A. 实验前先检查用电设备，再接通电源；实验结束后，先关仪器设备，再关闭电源

B. 工作人员离开实验室或遇突然断电，应关闭电源，尤其要关闭加热电器的电源开关

C. 电源或电器设备的保险丝烧断后，可以用其他金属导线代替

D. 电源开关附近不得存放易燃易爆物品或堆放杂物

答案：C

116. 预防电击（触电）的一条重要措施是用电设备的金属外壳要有效接地。下列选项中可靠的接地点是________。

A. 单相供电的 2 根线分别称为火线和地线，选择其中的地线接地

B. 三相供电中的中性点电压应该为零，可以选择这个中性点来接地

C. 专门埋设地下、保证接地电阻很小专用地线

D. 实验室内的自来水管（暖气管）是埋设于地

答案：C

117. 万一发生电气火灾，首先应该采取的第一条措施是________。

A. 打电话报警　B. 切断电源　C. 扑灭明火　D. 求援

答案：B

118. 当有电流在接入地下时，电流在接地点周围土壤中产生电压降。人在接地点周围，两脚之间出现的电压称为________。

A. 跨步电压　B. 跨步电势　C. 临界电压　D. 故障电压

**答案：** A

**119. 如果有人处于高压电线意外落地危险区内，下列哪种能脱离危险区的方法容易发生跨步电压触电________。**

A. 快步跑出　　B. 左足跳　　C. 右足跳　　D. 双足跳

**答案：** A

**120. 三线电缆中的保护线是用________表示的。**

A. 红线　　B. 黑线　　C. 黄绿线　　D. 红棕色

**答案：** C

**121. 人体触电的本质是________。**

A. 触及了高电位　　B. 电流通过了人体　　C. 接近了强电场　　D. 对电过敏

**答案：** B

**122. 当设备发生碰壳漏电时，人体接触设备外壳所造成的电击称________。**

A. 直接接触电击　　B. 间接接触电击　　C. 静电电击　　D. 非接触电击

**答案：** B

**123. 看到实验室里电闸箱内刀闸断开时应________。**

A. 帮助合上刀闸

B. 喊叫几声发现没有人应答后合上刀闸

C. 在该刀闸控制的房间里巡视一番没有发现问题后合上刀闸

D. 请专业人员处理

**答案：** D

**124. 试验装置的电源开关，应使用明显断开的双极刀闸。为了防止误合刀闸，可在________上加绝缘罩。**

A. 手柄上　　B. 开关上　　C. 刀刃　　D. 刀闸

**答案：** C

**125. 直流电路导线颜色的规定中，直流电路的负极一般选用________。**

A. 棕色　　B. 蓝色　　C. 褐色　　D. 浅蓝色

**答案：** B

**126. 绝缘台和绝缘垫只作为________安全用具。**

A. 基本　　B. 特殊　　C. 变电所　　D. 辅助

**答案：** D

**127. 电动机降压启动仅适用于________启动。**

A. 满载负荷　　B. 空载或轻载　　C. 电压较低时　　D. 电压较高时

**答案：** B

**128. 对电子镇流器的性能要求是，给灯管两端提供一个足够高的启动电压，使灯管可靠点火。在灯管点火之后，必须为灯管提供一个大小合适并且稳定的________。**

A. 工作电流　　B. 额定电流　　C. 工作电压　　D. 额定电压

**答案：** A

**129. IT 系统是指________的三相三线制低压配电系统。**

A. 电源中性点接地，电气设备的金属外壳也接地

B. 电源中性点接地，电气设备的金属外壳不接地

C. 电源中性点不接地，电气设备的金属外壳直接接地

D. 电源中性点不接地，电气设备的金属外壳也不接地

答案：C

**130. 使用摇表测试之前，被测物必须切断电源和负载，并进行________。**

A. 短路　　B. 接地　　C. 放电　　D. 充电

答案：C

**131. 低压电力系统中，中性点接地属于________。**

A. 临时接地　　B. 保护接地　　C. 工作接地　　D. 重复接地

答案：C

**132. 在金属容器内，使用行灯电压一般不应超过________V。**

A. 12　　B. 24　　C. 36　　D. 48

答案：A

**133. 用 1000V 或 2500V 兆欧表检查电容器端点与其外壳之间的绝缘，两极对外壳的绝缘电阻不应低于________MΩ。**

A. 500　　B. 1000　　C. 1500　　D. 2000

答案：B

**134. 电工作业人员必须年满________岁。**

A. 15　　B. 16　　C. 17　　D. 18

答案：D

**135. 装设接地线的顺序为________。**

A. 先导体端后接地端　　B. 可以同时进行

C. 先接地端后导体端　　D. 装设顺序和安全无关

答案：C

**136. 电气工作人员连续中断电气工作________以上者，必须重新学习有关规程经考试合格后方能恢复工作。**

A. 二个月　　B. 半年　　C. 一年　　D. 两年

答案：B

**137. 我国标准规定工频安全电压有效值的限值为________V。**

A. 12　　B. 36　　C. 50　　D. 220

答案：C

**138. 测量绝缘电阻使用________。**

A. 万用表　　B. 电流表　　C. 兆欧表　　D. 地电阻测量仪

答案：C

**139. 兆欧表的 E 端接________。**

A. 地　　B. 线路　　C. 相线　　D. 正极

答案：A

**140. 兆欧表的手摇发电机输出的电压是________。**

A. 直流电　　B. 交流电压　　C. 高频电压　　D. 脉冲电压

答案：A

**141. 下列最危险的电流途径是________。**

A. 右手至脚　　B. 左手至脚　　C. 左手至右手　　D. 左手至胸部

答案：B

**142. 摆脱电流是人能自主摆脱带电体的最大电流，成年男性一般为________。**

A. 10mA　　B. 16mA　　C. 30mA　　D. 40mA

答案：B

**143. 数十毫安的电流通过人体短时间使人致命最危险的原因是________。**

A. 昏迷　　B. 呼吸中止

C. 电弧烧伤　　D. 引起心室纤维性颤动

答案：D

**144. 其他条件相同，人离接地点越近时可能承受的________。**

A. 跨步电压和接触电压都越大

B. 跨步电压越大、接触电压越小

C. 跨步电压越大、接触电压不变

D. 跨步电压不变、接触电压越大

答案：A

**145. 对于电击而言，工频电流与高频电流比较，其危险性是________。**

A. 高频危险性略大　　B. 工频危险性较大

C. 高频危险性大得多　　D. 二者危险性一样大

答案：B

**146. 在雷雨天气，下列跨步电压电击危险性较小的位置是________。**

A. 高墙旁边　　B. 电杆旁边　　C. 大树下方　　D. 高大建筑物内

答案：D

**147. 触电事故发生最多的月份是________月。**

A. 2～4　　B. 6～9　　C. 10～12

答案：B

**148. 当人发生危重急症或意外伤害对，现场救护人员的最佳选择是________。**

A. 坚持就地抢救　　B. 直接将患者送医院

C. 等待医院或急救站派人抢救

答案：A

**149. 触电致人死亡的决定因素是________。**

A. 电压　　B. 电流　　C. 触电时间

答案：B

**150. 当触电人脱离电源后，如深度昏迷、呼吸和心脏已经停止，首先应当做的事情是________。**

A. 让触电人静卧

B. 找急救车，等候急救车的到来紧急送往医院

C. 就地进行对口（鼻）人工呼吸和胸外心脏按压抢救

答案：C

**151. 当电气设备采用________V以上安全电压时，必须采取直接接触电击的防护措施。**

A. 36　　B. 24　　C. 12　　D. 220

答案：B

152. 安装漏电保护器时，________线应穿过保护器的零序电流互感器。

A. N B. PE C. PEN D. 接地

答案：A

153. 漏电保护装置的试验按钮每________试验一次。

A. 一个月 B. 三个月 C. 半年 D. 一年

答案：A

154. 绝缘材料是依据________分级的。

A. 耐热性能 B. 绝缘电阻 C. 耐弧性能 D. 阻燃性能

答案：A

155. 在三相四线配电系统中，N 线表示________。

A. 相线 B. 中性线 C. 保护地线 D. 保护零线

答案：B

156. 电弧温度可高达________℃。

A. 2000 B. 3000 C. 6000 D. 8000

答案：D

157. 热继电器属于________电器。

A. 开关 B. 主令 C. 保护 D. 控制

答案：C

158. 低压断路器的开断电流应________短路电流。

A. 小于安装地点的最小 B. 大于安装地点的最小

C. 大于安装地点的最大 D. 小于安装地点的最大

答案：C

159. 对于频繁启动的异步电动机，应当选用的控制电器是________。

A. 接触器 B. 铁壳开关 C. 低压断路器 D. 转换开关

答案：A

160. 热继电器的动作时间随着电流的增大而________。

A. 缩短 B. 急剧延长 C. 缓慢延长 D. 保持不变

答案：A

161. 对于照明线路，热元件的额定电流可按负荷电流的________倍选取。

A. 0.5～1 B. 1～1.15 C. 1～1.5 D. 2～3.5

答案：B

162. 三相异步电动机的额定电压指的是________。

A. 相电压有效值 B. 线电压有效值 C. 线电压最大值 D. 相电压最大值

答案：C

163. 电机外壳防护等级用字母________标志。

A. IP B. FH C. WF D. CP

答案：A

164. 怀疑电动机定子绕组存在接地故障时，应在退出运行后使用________进行测量判断。

A. 电流表 B. 电压表 C. 500V 兆欧表 D. 万用表及电桥

答案：C

165. 对于三相异步电动机，热继电器热元件的额定电流应取为电动机额定电流的________倍。

A. 1～1.5　　B. 1.5～2.5　　C. 3～4　　D. 5～7

答案：A

166. 低压三相异步电动机外壳意外带电造成的后果是________。

A. 电流略有减小　　B. 电压明显降低

C. 电动机发出异常声音　　D. 使人受到电击并可能打火放电

答案：D

167. 在任何情况下，移动式电气设备的绝缘电阻不得低于________ MΩ。

A. 0.2　　B. 0.3　　C. 0.4　　D. 0.5

答案：D

168. 移动式电气设备应定期________。

A. 更换电源线　　B. 测试运行电压　　C. 检查负荷电流　　D. 摇测绝缘电阻

答案：D

169. 移动式设备的专用控制箱内应装有________。

A. 控制开关和熔断器　　B. 熔断器和漏电保护器

C. 控制开关和漏电保护器　　D. 控制开关、熔断器和漏电保护器

答案：D

170. 移动式设备的移动电源线应采用________。

A. 聚乙烯绝缘双绞软线　　B. 聚乙烯绝缘软铜线

C. 聚乙烯绝缘护套线阻燃型　　D. 橡套软电缆或聚乙烯护套软电缆

答案：D

171. 螺口灯座的螺口应与________连接。

A. 相线　　B. 中性线　　C. 工作零线　　D. 保护地线

答案：C

172. 一般应选用________型灯具。

A. 开启　　B. 普通　　C. 防水　　D. 防爆

答案：C

173. 螺口灯座的顶芯应与________连接。

A. 相线　　B. 中性线　　C. 保护线　　D. 工作零线

答案：A

174. 在金属容器内、水井内、特别潮湿的地沟内等特别危险的环境使用的手持照明灯，应采用________ V 的安全电压。

A. 12　　B. 24　　C. 36　　D. 220

答案：A

175. 单相三眼插座的保护线插孔应当接在________上。

A. 相线　　B. 不接线　　C. 工作零线　　D. 专用保护线

答案：D

176. 下列________组合是在低压操作中使用的基本安全用具。

A. 绝缘手套、试电笔、带绝缘柄的工具　　B. 绝缘鞋、试电笔、带绝缘柄的工具

C. 绝缘手套、试电笔、绝缘鞋　D. 试电笔、绝缘靴、绝缘垫

答案：B

**177. 下列________不属于高压基本绝缘安全用具。**

A. 绝缘杆　B. 绝缘夹钳

C. 高压验电器　D. 绝缘手套和绝缘靴

答案：D

**178. 临时接地线应当采用________。**

A. 多股铜绞线　B. 铜芯铝绞线

C. 多股软裸铜线　D. 多股软绝缘铜线

答案：C

**179. 装设临时接地线的顺序是________。**

A. 同时接接地端和相线端　B. 先接接地端，后接相线端

C. 先接相线端，后接接地端　D. 没有要求

答案：B

**180. 低压带电作业时，除了应配备绝缘鞋等安全用具和防护用具以外，还应该携带________。**

A. 低压试电笔　B. 单臂电桥　C. 兆欧表　D. 电流表

答案：A

**181. 戴绝缘手套进行操作时，应将外衣袖口________。**

A. 装入绝缘手套中　B. 套在手套外面　C. 卷上去　D. 无规定

答案：A

**182. 安全规程用 250V 的界限来划分高压和低压时，250V 指的是________。**

A. 相电压　B. 线电压　C. 对地电压　D. 接触电压

答案：C

**183. 在电气设备上工作保证安全的技术措施有________。**

A. 验电；停电；放电；装设接地线

B. 停电；验电；装设接地线；悬挂标示牌和装设遮拦

C. 停电；放电；装设接地线；悬挂标示牌和装设遮拦

D. 停电；放电；验电；装设接地线；悬挂标示牌和装设遮拦

答案：D

**184. 在电气设备上工作，保证安全的组织措施有________。**

A. 工作票制度、工作许可制度

B. 工作票制度、工作许可制度、工作监护制度

C. 工作票制度、工作许可制度、调度管理制度、验收制度

D. 工作票制度、工作交底制度、工作许可制度、工作监护制度、工作间断和转移制度、工作终结和送电制度

答案：D

**185. 确定停电的依据是________。**

A. 电源指示灯熄灭　B. 电源开关已拉开

C. 电流表和电压表指示为零　D. 经合格的验电器验试无指示

答案：D

**186. 被检修设备停电后，电源线路上应设置有________。**

A. 接触器　B. 熔断器　C. 隔离电器　D. 热继电器

**答案：C**

**187. 不应在已经停电的________上装设临时接地线。**

A. 高压母线　B. 隔离开关电源侧

C. 隔离开关负荷侧　D. 本单位不能控制的电器设备

**答案：D**

**188. 检修工作时凡一经合闸就可送电到工作地点的断路器和隔离开关的操作手把上应悬挂________。**

A. 在此工作　B. 止步，高压危险

C. 禁止合闸，有人工作　D. 禁止攀登，高压危险

**答案：C**

**189. 绝缘手套、绝缘靴必须定期进行交流耐压试验和泄漏电流试验，试验周期为________。**

A. 半年　B. 一年　C. 二年　D. 三年

**答案：A**

**190. 试电笔不可用来________。**

A. 区别相线和中性线　B. 判断有电无电

C. 判断电压高低　D. 判断电流大小

**答案：D**

**191. "禁止攀登，高压危险！"标示牌的底色应该是________。**

A. 白底黑边　B. 红底白边　C. 白底红边　D. 黑底白边

**答案：C**

**192. 实验室等用电场所如需增加电器设备，以下说法正确的是________。**

A. 老师自行改装

B. 学生可以私自改接

C. 须经学校有关部门批准，并由学校指派电工安装

**答案：C**

**193. 被电击的人能否获救，关键在于________。**

A. 能否尽快脱离电源和施行紧急救护　B. 触电电压的高低

C. 触电的方式　D. 人体电阻

**答案：A**

**194. 关于电器仪表的安全使用，以下说法不正确的是________。**

A. 在使用前，先了解电器仪表要求使用的电源是交流电还是直流电；是三相电还是单相电以及电压的大小

B. 仪表量程应大于待测量，若待测量大小不明时应从最小量程开始测量

C. 实验之前要检查线路连接是否正确，检查无误后方可接通电源

D. 在电器仪表使用过程中，如发现有不正常声响，局部温升或嗅到绝缘过热产生的焦味，应立即切断电源，并报告教师进行检查

**答案：B**

**195. 电气线路过负荷的主要原因有________。**

A. 导线截面选择不当，实际负载超过导线的安全电流

B. 在线路中接入功率过大的电气设备

C. 乱拉电线，接入过多的并联负载

D. 线路漏电或电器设备故障

答案：A

**196. 一般电气设备铭牌上的电压和电流的数值是________。**

A. 最大值　　B. 平均值　　C. 有效值

答案：C

**197. 设备的电源保护开关可接在________线上。**

A. 地　　B. 火　　C. 零

答案：B

**198. 直流电与交流电是可以相互转换的，下列说法正确的是________。**

A. 交流电转换成直流电是通过逆变器实现的

B. 直流电转变成交流电是通过整流器完成的

C. 经过整流滤波后的交流电为直流电

答案：C

**199. 热电偶供电为________。**

A. 交流　　B. 直流　　C. 三相交流　　D. 不供电

答案：B

**200. 电容式差压变送器正负导压管与正负压室方向相反时，不必改动导压管，只需将其电路部件相对于测量膜盒部件转动________角。**

A. 90°　　B. 180°　　C. 360°

答案：B

**201. 电容式差压变送器在调校时不应该________。**

A. 调量程　　B. 调零点　　C. 切断电源　　D. 调线性度

答案：C

**202. 热电偶测温时，显示不准，应用毫伏表测其________。**

A. 电流　　B. 电压　　C. 电阻　　D. 电容

答案：B

**203. Pt100 铂电阻在 0℃ 时的电阻值为________。**

A. 0Ω　　B. 0.1Ω　　C. 10Ω　　D. 100Ω

答案：D

**204. 选用热电偶和热电阻的方法是________。**

A. 根据测温对象选用　　B. 根据测温范围选用

C. 根据环境温度选用

答案：B

**205. 铜热电阻的测温范围与铂热电阻的相比________。**

A. 窄　　B. 宽　　C. 一样　　D. 视具体情况而定

答案：A

**206. 保护人身安全的最后一道防线是________。**

A. 隔离　　B. 避难　　C. 个体防护

答案：C

**207. 配电装置各回路的相序排列宜一致，硬导体应涂刷相色油漆或相色标志，色别应为________。**

A. L1 相黄色，L2 相红色，L3 相绿色　　B. L1 相绿色，L2 相黄色，L3 相红色

C. L1 相黄色，L2 相绿色，L3 相红色　　D. L1 相红色，L2 相绿色，L3 相黄色

答案：C

**208. 现场使用的漏电保护开关，其漏电电流不得大于________ mA，动作时间不得大于________ s，在漏电保护开关的电路中，工作零线必须穿过零序电流互感器，否则将导致漏电保护开关误动作。**

A. 15，0.1　　B. 30，0.1　　C. 45，0.1

答案：B

**209. 为了操作安全，人在操作隔离开关之类的电气设备时，人双脚前后叉开的距离约 0.3m，加人手臂长 0.7m，再加上器械操作手柄长 0.3m，总约 1.3m。为了安全操作，故柜（屏）后操作通道最小规定为________。**

A. 1.5m　　B. 2m　　C. 2.5m

答案：A

**210. 低压电气设备非带电金属外壳和电动工具的接地电阻，不应大于________。**

A. 3Ω　　B. 4Ω　　C. 5Ω　　D. 6Ω

答案：B

**211. 如果有人处于高压电线意外落地的危险区内，________脱离危险区的方法容易发生跨步电压触电。**

A. 单足跳　　B. 快步跑出　　C. 并拢双足跳

答案：B

**212. 电气设备的运行状态有________三个位置。**

A. 运行、试验、检修　B. 运行、备用、检修　C. 运行、试验、备用

答案：B

**213. 人体对交流电流的最小感知电流约为________。**

A. 0.5mA　　B. 2.5mA　　C. 5.5mA　　D. 100mA

答案：A

**214. 以下不属于实验室常用静电防护措施的是________。**

A. 静电接地　　B. 空气增湿　　C. 屏护　　D. 电气安全用具

答案：C

**215. 变配电系统加设遮拦、护板、箱闸，安全距离应符合规定，遮拦高度不低于________ m，固定式遮拦网孔不应大于________ mm×mm。**

A. 1.7，40×40　　B. 1.5，30×30　　C. 1.7，20×20

答案：A

**216. 供配电系统中，下列________需要采用接地保护。**

A. 架空导线　　B. 变压器的金属外壳

C. 电压互感器的一次绕组

答案：B

217. 从防止触电的角度来说，绝缘、屏护和间距是防止________的安全措施。

A. 静电电击　B. 电磁场伤害　C. 间接接触电击　D. 直接接触电击

答案：D

218. 把电气设备正常情况下不带电的金属部分与电网的保护零线进行连接，称为________。

A. 工作接零　B. 保护接地　C. 保护接零　D. 工作接地

答案：C

219. 行灯电压不得超过36V，在特别潮湿场所或导电良好的地面上，若工作地点狭窄（如锅炉内、金属容器内），行动不便，行灯电压不得超过________V。

A. 12　B. 36　C. 48

答案：A

220. 漏电保护装置主要用于________。

A. 防止漏电火灾事故　B. 防止人身触电事故

C. 防止中断供电　D. 减少线路损耗

答案：B

221. 装设避雷针、避雷线、避雷网、避雷带都是防护________的主要措施。

A. 雷电侵入波　B. 二次放电　C. 直击雷　D. 反击

答案：C

222. 在一般情况下，人体电阻可以按________考虑。

A. 50～100Ω　B. 100～500kΩ　C. 800～1000Ω　D. 1～5MΩ

答案：C

223. ________电气设备是具有能承受内部的爆炸性混合物的爆炸而不致受到损坏，而且通过外壳任何结合面或结构孔洞，不致使内部爆炸引起外部爆炸性混合物爆炸的电气设备。

A. 本质安全型　B. 增安型　C. 隔爆型　D. 充油型

答案：C

224. 漏电保护器其额定漏电动作电流在________者属于高灵敏度型。

A. 30mA 以上　B. 30mA 以下　C. 1A 以上　D. 1A 以下

答案：B

225. 当电气设备不便于绝缘或绝缘不足以保证安全时，应采取屏护措施。变配电设备应有完善的屏护装置，所用遮拦的高度不应低于________。

A. 1.5m　B. 1.7m　C. 2.0m　D. 2.5m

答案：B

226. 下列电源中可用做安全电源的是________。

A. 分压器　B. 自耦变压器　C. 安全隔离变压器

答案：C

227. 在下列绝缘安全工具中，属于辅助安全工具的是________。

A. 绝缘夹钳　B. 绝缘棒　C. 绝缘挡板　D. 绝缘靴

答案：D

228. 采用安全特低电压是________的措施。

A. 仅有直接接触电击保护　B. 只有间接接触电击保护

C. 用于防止爆炸火灾危险　　D. 兼有直接接触电击和间接接触电击保护

答案：A

**229. 当有电流在接地点流入地下时，电流在接地点周围土壤中产生电压降。人在接地点周围，两脚之间出现的电压称为________。**

A. 跨步电势　　B. 跨步电压　　C. 故障电压　　D. 临界电压

答案：B

**230. 存放爆炸物的仓库内，应该采用________照明设备。**

A. 钠灯　　B. 白炽灯　　C. 日光灯　　D. 防爆型灯具

答案：D

**231. 在实施保护接零的系统中，工作零线即中线，通常用________表示；保护零线即保护导体，通常用________表示。若一根线既是工作零线又是保护零线，则用________表示。**

A. N、PE、PEN　　B. N、PEN、PE　　C. PE、N、PEN　　D. PEN、N、PE

答案：A

**232. 安全带的寿命一般为 3～5 年。使用________年后，按批量抽检。**

A. 3　　B. 4　　C. 5　　D. 6

答案：A

**233. ________的工频电流即可使人遭到致命的电击。**

A. 数安　　B. 数毫安　　C. 数十毫安　　D. 数百毫安

答案：C

**234. 大部分的触电死亡事故是________造成的。**

A. 电伤　　B. 电烧伤　　C. 电击　　D. 摆脱电流

答案：C

**235. 在建筑物电源线路进线处将 PE 干线、接地干线、总水管、总煤气管、采暖和空调竖管等相连接，最好也能将建筑物的金属构件和其他金属管道也连接起来。此措施称为________。**

A. 过载保护　　B. 不导电环境　　C. 主等电位联结　　D. 辅助等电位联结

答案：C

**236. 禁止用湿手开关电气设备，室外电气设备要有防雨措施，如要擦拭电气设备，则应________。**

A. 将湿毛巾尽量拧干，先将灰尘擦拭干净后再用干毛巾擦一遍

B. 确定断开电源后方可用干布擦拭

C. 找专人负责

答案：B

**237. 关于直流电，说法不正确的是________。**

A. 一般电池及蓄电池供电量为直流电，其电压固定，但经一段时间后其电压会迅速递减

B. 直流电方向不改变

C. 家庭用电是直流电

答案：C

**238. 关于交流电，说法不正确的是________。**

A. 国内的家庭用电是110V和220V的交流电

B. 交流电电流方向是随时间变化的

C. 居民家庭用电是交流电

答案：A

**239. 关于单相三线插座，下列说法不正确的是________。**

A. 单相三线插座左边是零线，中间（上面）是地线，右边是火线（相线）

B. 地线要连在用电器的外壳上，以防止电器漏电致人触电

C. 地线是带电的

答案：C

**240. 家用插座里各孔的接线位置是有规定的，如果拆开插座可以看到，标有L标记点的是接________，标有N标记点的是接________，地线有专门的接地符号，不可以乱接(尤其是地线位置)。**

A. 都可以接　　B. 火线、零线　　C. 零线、火线

答案：B

**241. 在交流电路中，用试电笔辨别火线和零线，当试电笔触及导线时，能使氖管发光的是________。**

A. 零线　　B. 火线　　C. 地线

答案：B

**242. 漏电保护开关用来检拾漏电信号的部件是________。**

A. 开关装置　　B. 漏电脱扣器　　C. 零序电流互感器

答案：C

**243. 从事电气设备维修，从安全角度出发，电气设备停电一定要断开电流，必须拉开________。**

A. 接触器　　B. 自空气开关　　C. 闸刀开关

答案：C

**244. 漏电开关的组成由开关装置、漏电脱扣器和________组成。**

A. 脱扣器　　B. 互感器　　C. 零序电流互感器

答案：C

**245. 漏电开关的作用是当发生触电和________等故障时，漏电开关动作切断电源。**

A. 接地　　B. 设备漏电　　C. 设备漏电接地

答案：C

**246. 中性点接地系统比不接地系统供电可靠性________。**

A. 差　　B. 高　　C. 相同　　D. 无法比较

答案：B

**247. 机器停用时要关闭电源，从安全角度考虑，主要是为了________。**

A. 保养机器　　B. 预防事故

C. 节省电能　　D. 延长机器使用寿命

答案：B

**248. 从防止触电的角度来说，绝缘、屏护和间距是为了防止________的安全措施。**

A. 静电电压　　B. 电磁场辐射　　C. 间接接触电击　　D. 直接接触电击

答案：D

**249. 为了保证在故障条件下形成故障电流回路，从而提供自动切断条件，保护导体在使用中是________的。**

A. 允许中断　　B. 自动切断

C. 不允许中断　　D. 允许接入开关电器

**答案：**C

**250. 触电急救用口对口人工呼吸，正常的吹气频率是________次/min。**

A. 10～12　　B. 15～20　　C. 20～25

**答案：**A

**251. 触电急救中，1min 开始抢救者 90%有良好效果；从触电后 6min 开始抢救者 10%有良好的效果，从触电后________ min 再开始抢救，存活的概率很小。**

A. 10　　B. 12　　C. 15　　D. 18

**答案：**B

**252. 在雷雨天不要走近高压电杆、铁塔、避雷针，远离至少________ m 以外。**

A. 10　　B. 15　　C. 20　　D. 25

**答案：**C

## 二、判断题

1. 各种电源是否有电，可用试电笔检验。

**答案：**正确

2. 电分强电和弱电，弱电开关等元件不能用在强电电路。

**答案：**正确

3. 电气检修时，应在配电箱或开关处悬挂“禁止合闸，有人工作”的标示牌。

**答案：**正确

4. 布线时，强、弱电可以合用同一电缆管线。

**答案：**错误

5. 使用钳形电流表时，应注意钳形电流表的量程。测量时戴绝缘手套，站在绝缘垫上，不得触及其他设备，以防短路或接地。

**答案：**正确

6. 在潮湿或高温或有导电灰尘的场所，实验时应该降低电压供电。

**答案：**正确

7. 电路保险丝熔断，短期内可以用铜丝或铁丝代替。

**答案：**错误

8. 连接电气设备的开关需安装在火线上。

**答案：**正确

9. 打开含有高压变压器或电容器的电子仪器的盖子是危险的。

**答案：**正确

10. 电动工具的电源引线必须保证接地可靠。

**答案：**正确

11. 接电路元器件时，主要应关注元器件的耐压和能承受的功率。

**答案：**正确

12. 对容易产生静电的场所，要保持空气潮湿；工作人员要穿防静电的衣服和鞋靴。

**答案：** 正确

13. 电磁式电流互感器在使用中副边不许开路，电压互感器在使用中副边不许短路。

**答案：** 正确

14. 实验室禁止私拉乱接电线，实验过程中自制非标设备时，应报请实验室管理人员批准，然后请电气专业人员按照标准安全连接。

**答案：** 正确

15. 只要接线板质量符合要求，就可以随意串联很多个，不影响使用。

**答案：** 错误

16. 在充满可燃气体的环境中，可以使用手动电动工具。

**答案：** 错误

17. 在易燃、易爆、易灼烧及有静电发生的场所，可以使用化纤防护用品。

**答案：** 错误

18. 电动工具应定期检修。

**答案：** 正确

19. 连接在接线板上的用电总负荷不能超过接线板的最大容量。

**答案：** 正确

20. 为了防止触电可采用绝缘、防护、隔离等技术措施以保障安全。

**答案：** 正确

21. 漏电保护器对两相触电（人体双手触及两相电源），不起保护作用。

**答案：** 正确

22. 漏电保护器既可用来保护人身安全，还可用来对低压系统或设备的绝缘状况起到监督作用；漏电保护器安装点以后的线路应是对地绝缘良好。

**答案：** 正确

23. 消除管线上的静电主要是做好屏蔽。

**答案：** 错误

24. 保险丝和空气开关可以有效地防止电气火灾。

**答案：** 错误

25. 金属材料可以很好地屏蔽低频磁场。

**答案：** 错误

26. 在使用手电钻、电砂轮等手持电动工具时，为保证安全，应该装设漏电保护器。

**答案：** 正确

27. 身边有人严重触电，应当首先切断电源，然后进行紧急抢救如人工呼吸，并立即拨打急救电话120。

**答案：** 正确

28. 在有爆炸和火灾危险场所使用手持式或移动式电动工具时，必须采用有防爆措施的电动工具。

**答案：** 正确

29. 在进行电子线路板焊接后的剪脚工序时，剪脚面应背离身体特别是脸部，防止被剪下引脚弹伤。

**答案：** 正确

30. 电击（触电）通常指因为人体接触带电的线路或设备而受到伤害的事故。为了避免电击（触电）事故的发生，设备须可靠接地和人体对地绝缘。

**答案：** 正确

31. 静电三大特点：一是电压高；二是静电感应突出；三是尖端放电现象严重。

**答案：** 正确

32. 电流对人体的伤害有两种类型，即电击和电伤。

**答案：** 正确

33. 短路是指电气线路中相线与相线，相线与零线或大地，在未通过负载或电阻很小的情况下相碰，造成电气回路中电流剧增的现象。

**答案：** 正确

34. 重复接地是指零线上的一处或多处通过接地装置与大地再连接，可提高线路的安全性。

**答案：** 正确

35. 用电安全的基本要素有：电气绝缘良好、保证安全距离、线路与插座容量与设备功率相适宜、不使用三无产品。

**答案：** 正确

36. 高压实验中的安全距离：10kV 是 0.7m；66kV 是 1.5m；220kV 是 3m。

**答案：** 正确

37. 50mA 的工频电流就可以使人遭到致命电击。

**答案：** 正确

38. 万用表电阻挡可测量绝缘电阻。

**答案：** 错误

39. 电路谐振时，电容的电压可以是电源电压的几倍。

**答案：** 正确

40. 人体触电，双手触电致死比单手触电致死的概率要大得多。

**答案：** 正确

41. 静电可以引起爆炸、电气绝缘和电子元器件击穿。

**答案：** 正确

42. 地线和零线的作用相同。

**答案：** 错误

43. 短路会使电路过热，从而导致线路的绝缘层燃烧，引发火灾。

**答案：** 正确

44. 烘箱（干燥箱）在加热时，门可以开启。

**答案：** 错误

45. 电源插座、接线板、电线的容量应满足电器功率的需要。

**答案：** 正确

46. 为避免线路负荷过大，而引起火灾，功率 1000W 以上的设备不得共用一个接线板。

**答案：** 正确

47. 对于触电事故，应立即切断电源或用有绝缘性能的木棍棒挑开和隔绝电流，如果触电者的衣服干燥，又没有紧缠住身上，可以用一只手抓住他的衣服，拉离带电体；但救护人不得接触触电者的皮肤，也不能抓他的鞋。

答案：正确

48. 实验室内应使用空气开关并配备必要的漏电保护器；电气设备应配备足够的用电功率和电线，不得超负荷用电。

答案：正确

49. 大型仪器使用中，应注意仪器设备的接地、电磁辐射、网络等安全事项，避免事故发生。

答案：正确

50. 实验室内的电线、开关、灯头、插头、插座等一切电器用具，要经常检查是否完好，有无漏电、潮湿、霉烂等情况。一旦有问题应立即报修。

答案：正确

51. 可以用潮湿的手碰开关、电线和电器。

答案：错误

52. 当手、脚或身体沾湿或站在潮湿的地板上时，切勿启动电源开关和触摸电气用具。

答案：正确

53. 在实验室同时使用多种电气设备时，其总用电量和分线用电量均应小于设计容量。

答案：正确

54. 不使用绝缘损坏或接地不良的电气设备。

答案：正确

55. 负载处于工作状态时，可以插、拔、接电气线路。

答案：错误

56. 接线时，要用合格的电源线、电源插头、插座。电源线接头要用绝缘胶布包好。

答案：正确

57. 可以用湿布擦电源开关。

答案：错误

58. 进行电气维修必须先关掉电源，在设置告知牌后，方可进行。

答案：正确

59. 实验室的电源总闸没有必要每天离开时都关闭，只要关闭常用电气的电源即可。

答案：错误

60. 电源插座附近不应堆放易燃物等杂物。

答案：正确

61. 移动某些非固定安装的电气设备时（如电风扇等），可以不必切断电源。

答案：错误

62. 任何电气设备在未验明无电时，一律认为有电，不能盲目触及。

答案：正确

63. 当断线落地或大电流从接地装置流入大地时，若人站在附近则可能在两脚之间产生跨步电压。

答案：正确

64. 使用电气设备时可以用两眼插头代替三眼插头。

答案：错误

65. 人体触电致死，是由于肝脏受到严重伤害。

**答案：**错误

66. 一定强度的电场、磁场、电磁场都可能对人有损害。

**答案：**正确

67. 在遇到高压电线断落地面时，导线断落点20m内，禁止人员进入。如果不慎在此范围内，应背朝电线断落点，采用单脚跳或双脚并跳，撤离现场。

**答案：**正确

68. 计算机使用完毕后，应将显示器的电源关闭，以避免电源接通，产生瞬间的冲击电流。

**答案：**正确

69. 触电事故是因电流流过人体而造成的。

**答案：**正确

70. 为了预防电击（触电），电气设备的金属外壳须接地，最好是埋设接地电阻很小的专用地线。

**答案：**正确

71. 为保证安全用电，配电箱内所用的保险丝应该尽量粗。

**答案：**错误

72. 在照明电路上可以不用安装漏电保护器。

**答案：**错误

73. 为方便进出专人管理的设备房间，可自行配制钥匙。

**答案：**错误

74. 实验室应保持整洁有序，不准喧哗、打闹、抽烟。

**答案：**正确

75. 实验室不得乱拉电线，套接接线板。

**答案：**正确

76. 空调电源必须单独拉线，不得使用接线板。

**答案：**正确

77. 实验室应将相应的规章制度和操作规程挂到墙上或置于便于取阅的地方。

**答案：**正确

78. 电气设备和大型仪器须接地良好，对电线老化等安全隐患要定期检查并及时排除。

**答案：**正确

79. 仪器设备用电或线路发生故障着火时，应立即切断现场电源，将人员疏散，并组织人员用灭火器进行灭火。

**答案：**正确

80. 电气线路着火，要先切断电源，再用干粉灭火器或二氧化碳灭火器灭火，不可直接泼水灭火，以防触电或电气爆炸伤人。

**答案：**正确

81. 家用电器在使用过程中，可以用湿手操作开关。

**答案：**错误

82. 对于容易产生静电的场所，应保持地面潮湿，或者铺设导电性能好的地板。

**答案：**正确

83. 在距离线路或变压器较近有可能误攀登的建筑物上，必须挂有“禁止攀登，有电危险”

的标示牌。

**答案：**正确

84. 有人低压触电时，应该立即将他拉开。

**答案：**错误

85. 低压设备或做耐压实验的周围栏上可以不用悬挂标示牌。

**答案：**错误

86. 电流为100mA时，称为致命电流。

**答案：**错误

87. 在照明电路的保护线上应该装设熔断器。

**答案：**正确

88. 对于在易燃、易爆、易灼烧及有静电发生的场所作业的工人，可以发放和使用化纤防护用品。

**答案：**错误

89. 电动工具应由具备证件合格的电工定期检查及维修。

**答案：**正确

90. 做实验时，关合刀闸应当尽量慢，以保护设备。

**答案：**错误

91. 重复接地是指零线上一处或多处通过接地装置与大地再连接，其安全作用是降低漏电设备对地电压；减轻零线断线时的触电危险；缩短碰壳或接地短路持续时间；改善架空线路的防雷性能等。

**答案：**正确

92. 只要插线板质量符合要求，就可以随意串联很多个，不影响使用。

**答案：**错误

93. 在清洁、维修仪器时，应先断电并确保无人能开启仪器。

**答案：**正确

94. 遇有电器着火，应先切断电源再救火。

**答案：**正确

95. 通常，女性的人体阻抗比男性的大。

**答案：**错误

96. 使用电器时可以用两眼插头代替三眼插头。

**答案：**错误

97. 实验室内电气设备及线路设施必须严格符合安全用电规程，不许乱接、乱拉电线，墙上电源未经允许，不得拆装、改线。

**答案：**正确

98. 实验室的电源总闸没有必要每天下班离开时都关闭，只要关闭常用电器的电源即可，经常开关总闸会缩短其使用寿命。

**答案：**错误

99. 湿手不能触摸带电的电器，不能用湿布擦拭使用中的电器。

**答案：**正确

100. 切勿带电插、接电气线路。

**答案：** 正确

101. 连接在插线板上的用电器总功率不能超过插线板的最大负荷。

**答案：** 正确

102. 静电可以引起爆炸、电气绝缘破坏、电子元器件击穿等。

**答案：** 正确

103. 接临时电源要用合格的电源线，电源插头、插座要安全可靠，损坏的不能使用，电源线接头要用绝缘胶布包好。

**答案：** 正确

104. 含有高压变压器或电容器的电子仪器设备，对于使用者来说打开仪器盖是危险的。

**答案：** 正确

105. 对于容易产生静电场所，应保持地面潮湿，或者铺设导电性能好的地板。

**答案：** 正确

106. 电路保险丝（片）熔断，短时期内可以用铜丝或铁丝代替。

**答案：** 错误

107. 电动机试机时，可以启动后马上就按停机按钮。

**答案：** 错误

108. 实验室内可以使用木制配电板、闸刀开关、花线电线。

**答案：** 错误

109. 当手、脚或身体沾湿或站在潮湿的地板上时，切勿启动电源开关和触摸电器用具。

**答案：** 正确

110. 进行电路维护时不能进行带电操作。

**答案：** 正确

111. 2A 的设备保险丝断了，可以使用 3A 的代替。

**答案：** 错误

112. 使用大功率的实验设备前，要检查线路是否接地。

**答案：** 正确

113. 使用电力仪器和设备，在输入输出电压相符的情况下，方可接通电源按规程使用，工作结束立即切断电源，防止事故发生。

**答案：** 正确

114. 使用精密仪器时，必须严格按照操作规程进行操作，细心谨慎，避免因粗心大意而损坏仪器。如发现仪器有故障，应立即停止使用，报告教师，及时排除故障。使用后必须自觉填写登记本。

**答案：** 正确

115. 大型设备运行需要两名以上工作人员在场才能进行。

**答案：** 正确

116. 仪器设备开机前要先阅读熟悉该机器设备的操作规程.

**答案：** 正确

117. 实验进行前要了解实验仪器的使用说明及注意事项，实验过程中要严格按照操作规程进行操作。

答案：正确

118. 电气线路着火，要先切断电源，再用泡沫灭火器灭火，以防触电或电气爆炸伤人。

答案：错误

119. 可以在低压线路和开关、插座、熔断器附近放置油类、棉花、木屑、木材等易染物品。

答案：错误

120. 在一经合闸即可送电到工作地点的断路器或开关和隔离开关或刀闸的操作把手上，均应悬挂“禁止合闸，有人工作”的标示牌。

答案：正确

121. 在三相四线制供电系统中，不允许一部分设备接零，而另一部分设备采用保护接地。

答案：正确

122. 短路电流使短路处甚至使整个电路过热，会使导线的绝缘层燃烧起来，并引燃周围建筑物内的可燃物。

答案：正确

123. 连接电器设备的开关需安装在火线上。

答案：正确

124. 进行电器维修必须先关掉电源再进行修理。

答案：正确

125. 可以用铁柄毛刷清扫电源开关和用湿布擦电源开关。

答案：错误

126. 在实验室同时使用多种电器设备时，应计算所有用电的总容量，它应小于实验室的设计容量。

答案：正确

127. 交、直流回路可以合用一条电缆。

答案：错误

128. 短路是指电气线路中相线与相线，相线与零线或大地，在未通过负载或电阻很小的情况下相碰，造成电气回路中电流大量增加的现象。

答案：正确

129. 对容易产生静电的场所，要保持地面潮湿，或者铺设导电性能好的地面；工作人员要穿防静电的衣服和鞋靴，静电及时导入大地，防止静电积聚，产生火花。

答案：正确

130. 设备的外壳保护地线在没有接地设备的时候可以接在零线上。

答案：错误

131. 用电设备在长时间不用时，应该断开电源。

答案：正确

132. 动力配电箱的闸刀开关可以带负荷拉开。

答案：错误

133. 在照明电路的零线上应该装设熔断器。

答案：错误

134. 在潮湿或高温或有导电灰尘的场所，应该用正常电压供电。

答案：错误

135. 电气工作人员对《电业安全工作规程》应每两年考试一次。

**答案：** 正确

136. 电气设备发生火灾时，应注意：电气设备可能带电，可能发生触电事故；某些电气设备充有大量的油，可能发生喷油甚至爆炸。

**答案：** 正确

137. 用万用表测量交流电压时，应并联接入被测电路上。

**答案：** 正确

138. 如果导线发热超过一定限度时，其绝缘物就会迅速老化损坏，严重时要发生火灾事故。

**答案：** 正确

139. 截面积较小的单股导线平接时可采用绞接法。

**答案：** 正确

140. 电流通过导线时，导线由于电阻的存在就会发出热量，电流越大，发热越大。

**答案：** 正确

141. 填料封闭管式熔断器主要用于供电线路及要求分断能力较高的配电路中。

**答案：** 正确

142. 密闭式开关，保险丝不得外露，开关应串接在相线上，距地面的高度为 1.4m。

**答案：** 正确

143. 单极开关应装在相线上，不得装在零线上。

**答案：** 正确

144. 过载保护是当线路或设备的载荷超过允许范围时，能延时地切断电源的一种保护。

**答案：** 正确

145. 电流互感器二次侧应装熔断器。

**答案：** 错误

146. 发现有人触电时应当先打 120 请医生，等医生到达后立即开始人工急救。

**答案：** 错误

147. 电工作业属于特种作业，作业人员进行作业前禁止喝含有酒精的饮料。

**答案：** 正确

148. 金属屏护装置必须有良好的接地。

**答案：** 正确

149. 电工作业人员包括从事电气装置运行、检修和试验工作的人员，不包括电气安装和装修人员。

**答案：** 错误

150. 新参加电气工作的人员不得单独工作。

**答案：** 正确

151. 电工是特殊工种，其作业过程和工作质量不但关联着作业者本身的安全，而且关联着他人和周围设施的安全。

**答案：** 正确

152. 兆欧表是用来测量绕组直流电阻的。

**答案：** 错误

153. 不使用万用表时，应将其转换开关置于直流电流最大挡位。

答案：错误

154. 电流表跨接在负载两端测量。

答案：错误

155. 万用表的红表笔插在（+）的插孔，黑笔插在（—）的插孔。

答案：正确

156. 兆欧表在摇测电动机绝缘电阻时，可将 L 端或 E 端接至电动机壳的外壳。

答案：错误

157. 不能带电压测量电阻，否则会烧坏测量仪表。

答案：正确

158. 只要保持安全距离，测量电阻时，被测电阻不需断开电源。

答案：错误

159. 测量过程中不得转动万用表的转换开关，而必须退出后换挡。

答案：正确

160. 违章作业和错误操作是导致触电事故最常见的原因。

答案：正确

161. 发现有人触电，应赶紧徒手拉其脱离电源。

答案：错误

162. 触电致人死亡的决定因素是电压。

答案：错误

163. 感知电流虽然一般不会对人体构成伤害，但可能导致二次事故。

答案：正确

164. 绝大多数触电事故的发生都与缺乏安全意识有关。

答案：正确

165. 触电事故一般发生在操作使用电气设备的过程中，而施工装拆中和维护检修中一般不会发生触电事故。

答案：错误

166. 就电击而言，工频电流是危险性最小的电流。因此，普遍采用这种频率的电源。

答案：错误

167. 摆脱电流就是人能够自主摆脱带电体的最大电流，人能够摆脱工频电流约为 10A。

答案：错误

168. 如发生严重危及人身安全情况时，可不等待命令即行断开电源，但事后应立即报告领导。

答案：正确

169. 触电急救，首先要使触电者迅速脱离电源。

答案：正确

170. 安装在已接地金属框架上的设备一般不必再做接地。

答案：正确

171. 有金属外壳的Ⅰ类移动式电气设备；安装在潮湿环境的电气设备；临时性电气设备；建筑施工工地的施工电气设备等场所应安装漏电保护装置。

答案：正确

172. 保护接地适用于电源中性点直接接地的三相四线配电网。

**答案：** 正确

173. 泡沫灭火机不能用于带电灭火。

**答案：** 正确

174. 扑灭电气设备火灾时，首先要切断电源，在切断电源后，在没有灭火器的情况下，可以使用水进行灭火。

**答案：** 正确

175. 电气设备的重复接地装置可以与独立避雷针的接地装置连接起来。

**答案：** 错误

176. 当维护、测试和检修设备需要断开电源时，应设置隔离电器。

**答案：** 正确

177. 低压断路器只能有效地接通、断开负荷电流，而必须由熔断器断开短路电流。

**答案：** 错误

178. 低压配电应装设短路保护、过负荷保护和接地故障保护。

**答案：** 正确

179. 任何情况下都不得带负荷更换熔断器的熔体。

**答案：** 正确

180. 在 TN 系统中，配电箱内应分别装有 N 线端子排和 PE 线端子排。

**答案：** 正确

181. 低压断路器能对电路实施控制与保护。

**答案：** 正确

182. 一台新的电动机在投入正常使用前一定要空载运行一段时间。

**答案：** 正确

183. 对于全压启动的三相异步电动机，电源线路上的熔断器主要起短路保护作用；电源线路上的热继电器主要起过载保护作用。

**答案：** 正确

184. Y-△启动方式只能用于轻载启动或空载启动运行时三角形接线的笼型异步电动机。

**答案：** 正确

185. 频繁移动的电源线，应当采用加强绝缘的重型橡套电缆。

**答案：** 正确

186. 长期停用的移动式电气设备，使用前应摇测绝缘电阻。

**答案：** 正确

187. 在使用手持电动工具及其他电气设备的过程中，如果遇到临时停电，应断开电源。

**答案：** 正确

188. 局部照明用变压器应该采用双绕组隔离变压器，并在其一、二次线圈侧分别装设熔断器作短路保护。

**答案：** 正确

189. 工地使用的移动式电气设备，应采用两级以上的漏电保护装置。

**答案：** 正确

190. 应急照明线路不能与动力线路合用，允许与工作照明线路合用。

答案：错误

191. 在易燃、易爆场所等特别场所安装照明，应该采用封闭型、防爆型的灯具和开关。

答案：正确

192. 在场地比较狭窄、潮湿的场所应该采用36V以下的安全电压照明。

答案：正确

193. 在三相四线制配电系统中，照明负荷应尽可能均匀地分布在三相中。

答案：正确

194. 照明灯具吊管内不论有几条导线，仅允许其中的一条导线有一个接头。

答案：正确

195. 在潮湿的场所安装照明灯具应该采防潮型，以确保安全。

答案：正确

196. 单极三孔电源插座正确的安装方式应该是：左边是中性（零）线、右边是相（火）线。

答案：正确

197. 照明灯具的单极开关不得接在地线上，而必须接到中性线或相线上。

答案：错误

198. 照明支路不宜同时连接照明灯具和电源插座。

答案：正确

199. 配电箱内单相照明线路的开关采用双极开关或单极开关。

答案：错误

200. 为了防止因导线短路而引起重大安全事故，不同回路、不同电压、交流与直流的导线不得穿在同一根管内。

答案：正确

201. 金属管配线不宜用于对金属管有严重腐蚀的场所。

答案：正确

202. 在室内采用钢管配线时不得将单根导线穿于钢管内，以免产生涡流发热。

答案：正确

203. 三相四线系统不应采用三芯电缆另加一根单芯电缆或以导线、电缆的金属护套作中性线。

答案：正确

204. 仪表及其附属设备，送电前应检查电源、电压的等级是否与仪表要求相符合，然后检查绝缘情况确认接线正确，接触良好后，方可送电。

答案：正确

205. 在仪表和电器设备上可以适当放置导体和磁性物品。

答案：错误

206. 严禁带电拆装仪表，需带电作业时，须现场工作人员与有关部门或人员联系后，确认安全可靠方可开始送电。

答案：正确

207. 所使用的电动工具、电气设备等外壳接地必须良好，但导线不加插头可以直接插入插座。

答案：错误

208. 电器设备的电压应符合要求，如设备在使用中发生故障，应先通知检修，再切断电源，非专业人员不得任意触动。

**答案：**错误

209. 不准在仪表室周围堆放产生腐蚀性气体的化学物品。

**答案：**正确

210. 遵守《仪表工一般安全规程》，检修或排除简单故障时，不须与岗位的主操作人联系。

**答案：**错误

211. 如发现仪表运行异常，尚未查出原因时，仪表又自行恢复正常工作，不须查出原因可继续使用，若该表直接威胁生产，又不能停表，再与生产总调度联系。

**答案：**错误

212. 检修仪表要做好仪表防冻工作，防止仪表管线冻坏造成事故。

**答案：**正确

213. 触电时，不可人去拉（可用木棒把伤员挑开），应立即切断电源，然后先做人工呼吸，再做心脏按压，同时报120送医院进行处理。

**答案：**正确

214. 电气设备应由具备合格证件的电工定期检查及维修。

**答案：**正确

215. 在使用手电钻、切割机等手持电动工具时，为保证安全，应该装设漏电保护器。

**答案：**正确

216. 在照明电路的保护线上应该装设断路器。

**答案：**错误

217. 电源开关的漏电保护器动作后，经目视无故障，即可送电运行。

**答案：**错误

218. 单个电工可以进行电气检修作业。

**答案：**错误

219. 供电后变压器的任何端子，严禁触动。

**答案：**正确

220. 仪表工正常维修或进入控制盘时，必须精心操作，轻拿、轻放、轻推、轻拉，不得碰掉任何导线、插头或任何仪表部件。正常开车时严禁敲击，防止联锁、按钮或继电器接点动作发生故障。

**答案：**正确

221. 拆装仪表对各种带压、带料管线、阀门处理时，必须关掉仪表阀门放掉压力，卸尽物料以后方能拆装。拆装时均应在侧面。处理现场问题时，所有各线应该按有压对待。

**答案：**正确

222. 热电阻应采用两线制。

**答案：**错误

223. 热电偶的输出为4～20mA信号。

**答案：**错误

224. 照明开关、信号灯、插座等均应按照“左零右火”的标准，正确接入火线或零线。

**答案：**正确

225. 接地线必须使用专用的线夹固定在导体上，严禁用缠绕的方法进行接地或短路。

答案：正确

226. 所有露天使用的电气设备均应有必要的防雷、防雨措施。

答案：正确

227. 在打扫卫生时，严禁用水冲洗或用湿布去擦拭电气设备，以防发生触电。

答案：正确

228. 断路器的额定电流是指其长期允许通过的最大工作电流，不受环境温度的影响。

答案：错误

229. 任何人发现有违反安全规程的情况，应当立即制止，经纠正后才能恢复工作。

答案：正确

230. 所谓运用中的电气设备，指全部带有电压、一部分带有电压或一经操作即带有电压的电气设备。

答案：正确

231. 高压电气设备是电压等级在 1000V 以上者；低压电气设备是电压等级在 1000V 及以下者。

答案：错误

232. 任何工作人员除自己严格执行《电力安全工作规程》外，还应督促周围的人员遵守本规程。如发现有违反本规程者，应立即制止。

答案：正确

233. 新参加电气工作的人员、实习人员和临时参加劳动的人员，应经过安全知识教育并经安规考试合格，方可进入现场随同参加指定的工作，但不得单独工作。

答案：正确

234. 用绝缘棒拉合隔离开关、高压熔断器，或经传动机构拉合隔离开关和断路器，均应戴绝缘手套。

答案：正确

235. 高压电气设备发生接地时，室内人员不得接近故障点 4m 以内，室外不得接近故障点 8m 以内。

答案：正确

236. 高压开关柜的手车开关拉至检修位置后，应确认隔离挡板已封闭。

答案：正确

237. 为防止误操作，高压电气设备都应安装完善的防误操作闭锁装置，必要时加挂机械锁。单人操作时，严禁解除防误闭锁装置。

答案：正确

238. 在电气设备上工作，至少应有两人在一起工作。

答案：正确

239. 装设接地线必须先接导体端，后接接地端，接地线应接触良好，连接可靠。

答案：错误

240. 验电前，应先在有电设备上进行试验，确证验电器良好。

答案：正确

241. 禁止在只经断路器断开电源的设备上工作。

**答案：** 正确

242. 运用中的星形接线设备的中性点，无须视为带电设备。

**答案：** 错误

243. 电工可以穿防静电鞋工作。

**答案：** 错误

244. 一般人的平均电阻为 5000～7000Ω。

**答案：** 错误

245. 接地的作用就是为了安全，防止因电气设备绝缘损坏而遭受触电。

**答案：** 正确

246. 采用接零保护后，发生了金属性单相短路，将造成很大的短路电流。

**答案：** 正确

247. 大地就是电气上所说的“地”。

**答案：** 错误

248. 保护接零适用于中性点直接接地的运行方式。

**答案：** 正确

249. 低压接户线应采用绝缘导线，对地距离不小于 2m。

**答案：** 正确

# 第三模块　机械类安全知识

## 一、单选题

1. 国际规定，电压________V以下不必考虑防止电击的危险。

A. 36　B. 65　C. 25　D. 110

答案：C

2. 触电最危险的电流途径是________。

A. 左手到胸部心脏　B. 从左手到右手　C. 从手到脚　D. 从脚到脚

答案：A

3. 停电检修时，在一经合闸即可送电到工作地点的开关或刀闸的操作把手上，应悬挂如下哪种标示牌________。

A. “在此工作”　B. “止步，高压危险”　C. “禁止合闸，有人工作”

答案：C

4. 如果触电者伤势严重，呼吸停止或心脏停止跳动，应竭力施行________和胸外心脏按压。

A. 按摩　B. 点穴　C. 人工呼吸

答案：C

5. 三线电缆中的红线代表________。

A. 零线　B. 火线　C. 地线

答案：B

6. 漏电保护器的使用是防止________。

A. 触电事故　B. 电压波动　C. 电荷超负荷

答案：A

7. 使用手持电动工具时，下列注意事项哪个正确________。

A. 使用万能插座　B. 使用漏电保护器　C. 身体或衣服潮湿

答案：B

8. 装设接地线时，应________。

A. 先装中相

B. 先装接地端，再装设备端

C. 先装导线端

答案：B

9. 接受倒闸操作命令时________。

A. 要有监护人和操作人在场，由监护人接受

B. 只要监护人在场，操作人也可以接受

C. 可由变电站（所）长接受

答案：A

**10. 电器着火时下列不能用的灭火方法是哪种________。**

A. 用四氯化碳或 1211 灭火器进行灭火

B. 用沙土灭火　　C. 用水灭火

答案：C

**11. 下列说法中错误的是________。**

A. 通过人体电流越大，后果越严重

B. 通过人体电压越高，对人体危害越小

C. 电流通过人体时间越长，后果越严重

答案：B

**12. 金属焊接切割作业人员安全技术培训考核大纲规定，作业人员必须年满________周岁。**

A. 14　　B. 16　　C. 17　　D. 18

答案：D

**13. 每个岗位回火防止器只能供________把焊割炬使用。**

A. 一　　B. 二　　C. 三　　D. 四

答案：A

**14. 气瓶立放运输时，车厢高度应在气瓶高度的________以上。**

A. 2/3　　B. 1/3　　C. 1/2　　D. 1/4

答案：A

**15. 置换焊补时，所划定的安全作业区应距离可燃物管道、设备________ m 以上。**

A. 2　　B. 3　　C. 5　　D. 10

答案：D

**16. 在露天焊接作业时应采取挡风措施，风力超过________级不宜露天作业。**

A. 1　　B. 3　　C. 4　　D. 6

答案：D

**17. 三级高处作业高度为________ m。**

A. 1～2　　B. 2～5　　C. 5～15　　D. 15～30

答案：D

**18. 可以在不切断电路的情况下测量交流电流的设备是________。**

A. 数字式电流表　　B. 指针式电流表　　C. 矩形电流表　　D. 钳形电流表

答案：D

**19. 为了防止火灾，施焊处离可燃物品的安全距离至少为________，并有防火材料遮挡。**

A. 1m　　B. 2m　　C. 3m　　D. 10m

答案：D

**20. 一般来说，电弧辐射越弱，则________。**

A. 烟尘和有毒气体浓度越低　　B. 烟尘和有毒气体浓度越高

C. 烟尘越多，有毒气体浓度越低　　D. 烟尘越少，有毒气体浓度越高

答案：C

**21. 在机械产品寿命周期的各环节中，决定机器产品安全性的最关键环节是________。**

A. 设计　　B. 制造　　C. 使用　　D. 维修

答案：A

**22. 以操作人员的操作位置所在的平面为基准，机械加工设备凡高度在________之内的所有传动机构的可动零、部件及其危险部位，都必须设置防护装置。**

A. 2m B. 2.5m C. 3m D. 3.5m

答案：A

**23. 凡是操作人员的工作位置在坠落基准面________以上时，则必须在生产设备上配置供站立的平台和防坠落的防护栏杆。**

A. 0.5m B. 2m C. 2.5m D. 3m

答案：A

**24. 为防止出现漏保护区，压力机光线式安全装置的光幕形状必须采用________。**

A. 三角形 B. 梯形 C. 矩形 D. 圆形

答案：C

**25. 为防止人体部位误通过而造成伤害，在防护栅栏与传动机构零部件的距离为135mm时，防护栅栏的间隙尺寸应不大于________mm。**

A. 50 B. 40 C. 30 D. 20

答案：D

**26. 双手按钮式安全装置的重新启动功能是指，在双手同时按压两个按钮时，机器才能运转。________。**

A. 只要一只手离开按钮，机器就停止运转；当这只手再次按压按钮，机器就能重新运转

B. 只要一只手离开按钮，机器就停止运转；只有双手都离开按钮再次按压按钮，机器才能重新运转

C. 如果一只手离开按钮，机器不停止运转；只有在双手都离开按钮，机器才停止运转

D. 只有双手都离开按钮，机器才能停止运转；只要一只手再次按压按钮，机器就能重新运转

答案：B

**27. 磨削机械使用有机类结合剂（例如树脂、橡胶）砂轮的存放时间不应超过________年，长时间存放的砂轮必须经回转试验合格后才可使用。**

A. 1年 B. 2年 C. 3年 D. 4年

答案：A

**28. 压力机采用手用工具（如夹具、镊子）可以代替人手伸进危险区送取料。配备了手用工具，________安全装置。**

A. 可以取代 B. 不可取代 C. 可设置可不设置 D. 多余设置

答案：B

**29. 特种工种是从事特种作业人员岗位类别的统称。属于特种工种的电工、电焊工、________等人员，必须经由国家授权机构的培训、资格考核、认可并颁发凭证后，才可持证上岗。**

A. 起重机司机 B. 车工 C. 纺织工 D. 电话接线员

答案：A

**30. 属于特种设备的有电梯、锅炉、压力容器、________等。**

A. 厂内运输车辆 B. 车床 C. 铣床 D. 数控机床

答案：A

31. 起重机的吊钩危险断面的磨损量达到原来的________时，应及时报废，绝对不可采取补焊的办法来增大断面面积。

A. 0.5　　B. 0.3　　C. 0.1　　D. 0.05

答案：C

32. 动力驱动的起重机起升机构必须设置制动器。制动器应采用________。

A. 常开式　　B. 常闭式　　C. 综合式　　D. 形式不限

答案：B

33. 机械上常在防护装置上设置为检修用的可开启的活动门，应使活动门不关闭机器就不能开动；在机器运转时，活动门一打开机器就停止运转，这种功能称为________。

A. 安全联锁　　B. 安全屏蔽　　C. 安全障碍　　D. 密封保护

答案：A

34. 对产生尘、毒危害较大的工艺、作业和施工过程，应采取有效的密闭、________、吸收、净化等综合措施和监测装置，防止尘、毒的泄漏、扩散和溢出。

A. 高压　　B. 中压　　C. 零压　　D. 负压

答案：D

35. 手工送料的木工平刨床刀轴的刨刀体采用________形状的更安全。

A. 六棱柱　　B. 四棱柱　　C. 多棱柱　　D. 圆柱

答案：D

36. 吊运炽热金属或危险品用钢丝绳的报废断丝数，取一般起重机用钢丝绳报废断丝数的________，其中包括由于钢丝表面磨蚀而进行的折减。

A. 0.9　　B. 0.8　　C. 0.6　　D. 0.5

答案：D

37. 在输电线特别是在高压线附近工作的起重机各部分与输电线的最小距离，当输电线路电压在1kV以上时，应大于________。

A. 1m　　B. 1.5m　　C. 2m　　D. 3m

答案：D

38. 起重机的安全工作寿命，主要取决于________不发生破坏的工作年限。当其主要受力构件发生不可修复的整体失稳时，起重机应报废。

A. 工作机构　　B. 机构的易损零部件

C. 金属结构　　D. 电气设备

答案：C

39. 在需要设置安全防护装置的危险点，使用安全警示________安全防护装置。

A. 可以代替设置　　B. 没必要设置

C. 不能代替设置　　D. 可以设置也可以不设置

答案：C

40. 铸钢砂箱箱壁、箱带开裂可用下列哪种方法修复________。

A. 钻孔夹以钢板　　B. 冷敲　　C. 热敲　　D. 烧焊

答案：D

41. 下列哪项是铸工操作时不需要的________。

A. 保持操作场所干燥　　B. 操作前对工具进行预热

C. 正面看着冒口操作　　D. 注意操作安全

答案：C

**42. 锻造生产中使用煤气加热炉时，若停炉应先关________，再关________，最后关________**

A. 总阀、煤气阀、空气阀　　B. 煤气阀、总阀、空气阀

C. 空气阀、煤气阀、总阀　　D. 煤气阀、空气阀、总阀

答案：D

**43. 下列操作哪一个不能防止焊割作业中的回火现象________。**

A. 焊（割）炬不要过分接近熔融金属

C. 乙炔不能开得太大

D. 如乙炔瓶内部已燃烧，要用自来水降温灭火

答案：C

**44. 装过煤油、汽油或油脂的容器焊接时，应先用热________水冲洗，再用蒸汽吹洗，确信干净后方可焊接。**

A. 酸　　B. 碱　　C. 盐　　D. 清

答案：B

**45. 在高处进行焊补作业时，电焊机要离开作业点________ m。**

A. 1　　B. 5　　C. 10　　D. 20

答案：C

**46. 平刨床的安全防护装置主要作用是防止手触及________，发生事故。**

A. 木料　　B. 木屑　　C. 刨刀　　D. 节疤

答案：C

**47. 使用带锯机时，应________**

A. 开机后先进料，然后调整到规定转速　　B. 待锯条达到最高转速时，方可进料

C. 边进料，边调整转速　　D. 待锯条达到额定转速时，方可进料

答案：B

**48. 木工机械周围的场地应该注意什么________。**

A. 经常洒水　　B. 保持畅通及避免湿滑

C. 提供空气调节　　D. 保持通风

答案：B

**49. 当吊钩处于工作位置最低点时，钢丝绳在圈筒上的缠绕除固定绳尾的圈数外，不小于________圈。**

A. 1　　B. 2　　C. 3　　D. 5

答案：B

**50. 摩擦与冲击火花属于________。**

A. 机械火源　　B. 化学火源　　C. 热火源　　D. 电火源

答案：A

**51. 根据储存物品的火灾危险性，煤油、硝酸、氧气属于哪类储存物品________。**

A. 甲类　　B. 乙类　　C. 丙类　　D. 丁类

答案：B

**52. 事故火花是电器或线路故障时产生的火花，下列火花哪一个不是事故火花________。**

A. 雷电火花　　B. 静电火花
C. 发生短路时产生的火花　　D. 开关分合时产生的火花

**答案：**D

**53. 氧气瓶和乙炔瓶工作间距不应少于________m。**

A. 3　　B. 4　　C. 5　　D. 1

**答案：**C

**54. 有爆炸危险工房内的照明灯具和电开关，应选用防爆型。电开关应安装在________。**

A. 室内门旁　　B. 室外门旁　　C. 室内明灯附近　　D. 室外远离门窗处

**答案：**B

**55. 下列陈述“水容量小，在运行中若突然停电，锅炉内水容易汽化，从而产生水击。”是哪种热水锅炉的特点________。**

A. 管架式热水锅炉　　B. 锅壳式烟火管热水锅炉
C. 自然循环热水锅炉　　D. 都符合

**答案：**A

**56. 锅炉的三大安全附件分别是________、压力表、水位表。**

A. 电表　　B. 温度计　　C. 安全阀　　D. 水压计

**答案：**C

**57. 人机功能分配研究的意义是：利用人与机器的特点，为作业中的人与机器，安排不同的任务形式、难度和任务量。人机工程学研究人机功能分配的目的是________**

A. 充分发挥机器的效用　　B. 最大限度地发挥人的潜力
C. 改进机器以便使之适应人的作业需要　　D. 提高人机系统的效率和安全性

**答案：**D

**58. 作业疲劳又称为工作疲劳或产业疲劳，是劳动者劳动机能衰退的正常的________，与休息相对应，它们是消耗与恢复的交替过程。**

A. 心理反应　　B. 生理反应
C. 心理、生理反应　　D. 病理、生理反应

**答案：**C

**59. 随着人类社会生产力的进步、机器的使用和劳动生产力的提高，在大量使用机器提高了劳动生产力的同时，也产生了劳动者伤亡、病害等不安全、不卫生的因素。安全人机工程学研究的目的主要是：为保障劳动者的安全与健康，对这些不利因素发生的机理和预防措施进行研究，以便创造更________和更文明的劳动方式和劳动条件。**

A. 高效　　B. 快捷　　C. 灵活　　D. 安全、卫生

**答案：**D

**60. 国家对化学危险品的生产，统一规划，________。**

A. 严格管理　　B. 严格控制　　C. 严格检查　　D. 严格审批

**答案：**A

**61. 国家对化学危险品实行________。**

A. 审批制度　　B. 经营许可证制度　　C. 验收制度　　D. 检查制度

**答案：**B

62. 化学危险品的专用仓库，应当符合有关安全、________规定。

A. 泄压 B. 防火 C. 防爆 D. 防晒

答案：B

63. 联合国国际化学品安全规划署提出了________种农药持久性有机污染物。

A. 7种 B. 8种 C. 9种 D. 10种

答案：C

64. 装卸危险化学品使用的工具应能防止________。

A. 锈蚀 B. 产生火花 C. 折断 D. 扭曲

答案：B

65. 建筑施工时，安装后的起重机，其运动部分与建筑物及其外围设施的安全距离不少于________m。

A. 0.2 B. 0.1 C. 0.5 D. 0.8

答案：C

66. 当高处为5～15m时，坠落半径为________m。

A. 3 B. 4 C. 5 D. 6

答案：B

67. 安全网筋绳分布必须合理，相邻两根筋绳的最小建筑施工与高处作业安全距离不得小于________cm。

A. 10 B. 20 C. 30 D. 40

答案：C

68. 安装平网时，网的负载高度一般不超过________m。

A. 4 B. 6 C. 8 D. 10

答案：B

69. 煤矿采掘工作面风流中煤气浓度达到________时，必须停止工作，撤出人员，切断电源，进行处理。

A. 0.01 B. 0.015 C. 0.05 D. 0.1

答案：B

70. 在煤矿井下使用的煤电钻必须设有检漏、短路、过负荷等综合保护装置。煤电钻的综合保护装置在每班使用前，必须进行一次________。

A. 跳闸试验 B. 外观检查 C. 电压检查 D. 断电检查

答案：A

71. 在煤气矿井中，放炮作业的"一炮三检"是指________各检查一次煤气浓度。

A. 装药前、放炮前、放炮后 B. 打眼前、放炮前、放炮后

C. 打眼前、接线前、放炮前 D. 装药前、接线前、放炮前

答案：C

72. 工作场所空气中二氧化硅的最高允许浓度为________$mg/m^3$

A. 2 B. 3 C. 5 D. 8

答案：A

73. 局部通风的主要目的是________

A. 将有害物质从产生处抽走 B. 将有害物质稀释

C. 防止空气中的有害物质进入工作场所　　D. 以上均不正确

答案：A

**74. ________紧急停车信号，起重机司机都应立即执行。**

A. 只要是作业指挥人员发出　　B. 只要是直接作业人员发出

C. 不论何人发出　　D. 只要是领导发出

答案：C

**75. 空压站的危险点是指________。**

A. 火灾　　B. 燃烧　　C. 破裂漏气　　D. 容器爆炸

答案：D

**76. 乙炔发生站消防措施应选用的灭火器的类型是________。**

A. 普通的水灭火器　　B. 泡沫灭火器　　C. 四氯化碳灭火器　　D. 干粉灭火器

答案：D

**77. 下列对策中哪个不适宜用于预防机械伤害________。**

A. 提高机械设备的本质安全

B. 靠操作者的自觉性来预防机械伤害

C. 加强安全管理

D. 提高操作者的技术水平

答案：B

**78. 农业机械事故按损坏程度和经济损失可分为________。**

A. 轻度事故、重度事故

B. 普通事故、特殊事故

C. 轻微事故、一般事故、重大事故、特大事故

D. 直接事故和间接事故

答案：C

**79. 直接接触电击是指________。**

A. 人通过中间介质被带电体电击　　B. 人无意或有意与带电危险体接触

C. 故障状态下的电击　　D. 正常工作中的触电事故

答案：B

**80. 关联变压器的容量之比一般不应超过________。**

A. 3∶1　　B. 2∶1　　C. 1∶1　　D. 1∶2

答案：A

**81. 使用手持电动工具时，下列注意事项哪个正确________。**

A. 使用万能插座　　B. 使用漏电保护器

C. 身体或衣服潮湿　　D. 以上均正确

答案：B

**82. 手持电动工具分为几类________。**

A. 5 类　　B. 3 类　　C. 2 类　　D. 1 类

答案：B

**83. 如果工作场所潮湿，为避免触电，使用手持电动工具的人应________。**

A. 站在铁板上操作　　B. 站在绝缘胶板上操作

C. 穿防静电鞋操作　　D. 戴防护面罩

答案：B

**84. 10kV 变压器的阻抗电压通常在______范围。**

A. 2%～9%　　B. 4%～5.5%　　C. 5%～10%　　D. 7%～13%

答案：B

**85. 从事危险品运输、装卸的工人，应每______进行一次安全教育，每______进行一次训练和考试。**

A. 季、年　　B. 年、季　　C. 季、两年　　D. 两季、年

答案：C

**86. 选址和平面布置对保证生产过程安全、卫生有很重要的作用。化学危险品库、氢氧站、氮氧站、油料库应远离火源，布置在厂区边缘地区及______。**

A. 最大频率风向的下风侧　　B. 最大频率风向的上风侧

C. 最小频率风向的下风侧　　D. 最小频率风向的上风侧

答案：D

**87. 根据《实施化学事故应急救援预案加强重大化学危险源管理的通知》［化督发（1997）459 号］的附件二，属于重大化学危险源的有______。**

A. 某单位单台液氨储罐储量在 5t 以上

B. 某单位单台液氨储罐储量在 20t 以上

C. 某单位液氨总储量在 20t 以上

D. 某单位液氨总储量在 5t 以上

答案：B

**88. 矿井井下工作水泵的能力，应能在______h 内排出矿井 24h 的正常涌水量（包括充填水及其他用水）。**

A. 12　　B. 16　　C. 20　　D. 30

答案：A

**89. 尾矿库是筑坝拦截谷口或围地构成的用以储存______的场所。**

A. 矿石　　B. 矸石　　C. 尾矿　　D. 铁矿

答案：C

**90. 对于粉尘作业点，矿山企业应当按照国家规定的方法，每月至少检测______。**

A. 一次　　B. 两次　　C. 三次　　D. 四次

答案：B

**91. 尾矿库安全度分类，主要根据尾矿库的______和尾矿矿体的稳定性确定。安全度分为危库、险库、病库和正常库。**

A. 抗灾能力　　B. 抗震能力　　C. 防洪能力　　D. 抗爆能力

答案：A

**92. 采用电雷管进行大爆破起爆时，装药前应检测爆区内的杂散电流。杂散电流超过______时，应采取降低杂散电流强度的有效措施，或改用非电起爆系统。**

A. 30mA　　B. 50mA　　C. 100mA　　D. 150mA

答案：A

**93. 大爆破禁止使用______起爆。**

A. 电雷管　B. 导火索　C. 导爆索　D. 安全用导爆索

答案：B

**94. 火灾探测原理，按照探测元件与探测对象的关系，可分为________。**

A. 感光探测器　B. 接触式与非接触式　C. 感烟探测器　D. 感温探测器

答案：B

**95. 对产生烟气有重要影响的因素是________。**

A. 温度　B. 火源

C. 母体可燃物的化学成分　D. 火灾地方的通风情况

答案：C

**96. 扑灭可燃固体、可燃液体、可燃气体以及带电设备的初起火灾时，一般用的灭火器为________。**

A. 二氧化碳灭火器　B. 泡沫灭火器　C. 干粉灭火器　D. 卤代烷灭火器

答案：C

**97. 液化石油气钢瓶属于________。**

A. 高压气瓶　B. 中压气瓶　C. 中低压气瓶　D. 低压气瓶

答案：D

**98. 对长形物体，若采用竖吊，则吊点应在________。**

A. 重心上　B. 重心之上　C. 重心之下　D. 中心上

答案：B

**99. 对长形物体采用一个吊点时，吊点位置应在起吊端________*L*（*L* 为物体长度）。**

A. 0.3　B. 0.4　C. 0.5　D. 0.6

答案：A

**100. 绑扎后的钢丝绳吊索提升重物时，各分支受力应均匀，支间夹角一般不应超过 90°，最大时不得超过________。**

A. 90°　B. 120°　C. 150°　D. 180°

答案：B

**101. 下列哪种钢丝绳制造方便挠性适中，目前在各种起重机械和起重作业中使用较普遍________。**

A. 点接触钢丝绳　B. 面接触钢丝绳　C. 线接触钢丝绳　D. B、C 相结合

答案：A

**102. 放射性物质作业点，矿山企业应当按照国家规定的方法，每月至少检测________。**

A. 一次　B. 二次　C. 三次　D. 四次

答案：C

**103. 开采放射性矿物的矿井，必须采取严格管理井下污水等措施，减少________析出量。**

A. 氮气　B. 氧气　C. 氡气　D. 氦气

答案：C

**104. 矿井下带电检修或移动电气设备容易产生火花，引起________。**

A. 机械故障　B. 人员烫伤　C. 煤气或煤尘爆炸　D. 矿井透水

答案：C

**105. 表面探伤包括________和________。**

A. 渗透探伤、射线探伤　　B. 渗透探伤、射线探伤
C. 射线探伤、磁粉探伤　　D. 超声波探伤、渗透探伤

答案：B

**106. 锅炉修理分为________类。**

A. 2　　B. 3　　C. 4　　D. 5

答案：B

**107. 当高处为 15～30m 时，坠落半径为________ m。**

A. 3　　B. 4　　C. 5　　D. 6

答案：C

**108. 锅炉中的受热面管子若严重磨损、有裂纹时，应采用下列哪种方法修理________。**

A. 打磨　　B. 补焊　　C. 挖补　　D. 更换

答案：D

**109. 因结构不良，局部应力过高而产生疲劳裂纹的容器，________。**

A. 可继续使用　　B. 铲除裂纹后可继续使用
C. 补焊后可继续使用　　D. 不能继续使用

答案：D

**110. 下列哪种伤害不属于机械伤害的范围________。**

A. 夹具不牢固导致物件飞出伤人
B. 金属切屑飞出伤人　　C. 红眼病

答案：C

**111. 在未做好以下哪项工作以前，千万不要开动机器________。**

A. 通知主管
B. 检查过所有安全护罩是否安全可靠
C. 机件擦洗

答案：B

**112. 手用工具不应放在工作台边缘是因为________。**

A. 取用不方便
B. 会造成工作台超过负荷
C. 工具易于坠落伤人

答案：C

**113. 在下列哪种情况下，不可进行机器的清洗工作________。**

A. 没有安全员在场　　B. 机器在开动中　　C. 没有操作手册

答案：B

**114. 多台机械同时挖基坑，一般挖土机的间距应为________ m 较为安全。**

A. 1　　B. 5　　C. 10

答案：C

**115. 以下对剪切机的操作规定，哪项是错误的________。**

A. 操作前要进行空车试转
B. 操作时，为保证准确，应用手直接帮助送料
C. 电动机不准带负荷启动，开车前应将离合器脱开

答案：B

**116. 下列哪项操作对长发者的危险最小________。**

A. 纺纱机　　B. 车床　　C. 电脑

答案：C

**117. 操作砂轮时，下列哪项是不安全的________。**

A. 操作者站在砂轮的正面操作

B. 使用前检查砂轮有无破裂和损伤

C. 用力均匀磨削

答案：A

**118. 下列哪项是铸工操作时不需要的________。**

A. 保持操作场所干燥　　B. 操作前对工具进行预热

C. 正面看着冒口操作

答案：C

**119. 操作机械时，护罩处于关闭位置，而护罩一旦处于开放位置，就会使机械停止运作，指的是下列哪种护罩的运作方式________。**

A. 固定式护罩　　B. 互锁式护罩　　C. 触摸式护罩

答案：B

**120. 当操作打磨工具时，必须使用哪类个人防护用具________。**

A. 围裙　　B. 防潮服　　C. 护眼罩

答案：C

**121. 机器滚动轴卷有大量棉纱该怎么办________。**

A. 不需理会，待擦洗机器时再清洗

B. 关闭机器后清洗

C. 不需停机，用铁钩清理

答案：B

**122. 刚刚车削下来的切屑有较高的温度，可以达到________℃，极易引起烫伤。**

A. 500　　B. 600～700　　C. 800～1000

答案：B

**123. 如果在密闭场所使用内燃机，工人应采取什么措施免受危害________。**

A. 佩戴防尘口罩　　B. 排放废气，远离密闭场所

C. 打开电扇吹风

答案：B

**124. 锻工操作时，下列规定哪项是不正确的________。**

A. 用夹钳取送模具　　B. 气锤开动前，应先空锤试打

C. 切断金属毛坯时要轻击

答案：B

**125. 应用下列哪种方法清理机械器具上的油污________。**

A. 用汽油刷洗　　B. 用压缩空气喷　　C. 用抹布擦净

答案：C

**126. 热处理工艺一般包括加热、保温和________三个过程。**

A. 冷却　　B. 加工　　C. 设计

答案：A

**127. 下列哪种操作是不正确的________。**

A. 戴褐色眼镜从事电焊　　B. 操作机床时，戴防护手套

C. 借助推木操作剪切机械

答案：B

**128. 机床工作结束后，应最先做哪些安全工作________。**

A. 清理机床　　B. 关闭机床电器系统和切断电源

C. 润滑机床

答案：B

**129. 在热处理作业中，为防止发生爆炸，可控制易燃成分气体占总量的比例低于________%。**

A. 0.05　　B. 0.1　　C. 0.2

答案：A

**130. 设备运行中，发现试件装歪了，可以________。**

A. 直接用手去调整　　B. 不停机，用工具调整

C. 停机，重新安装后运行　　D. 不停机，直至加工完毕

答案：C

**131. 大型仪器一般都使用计算机进行控制。计算机与仪器之间的数据传输线在何种情况下进行装卸________。**

A. 任意时刻　　B. 在仪器及计算机电源关闭时

C. 在仪器处于工作状态时　　D. 在计算机处于工作状态时

答案：B

**132. 用热箱法测构件总传热系数时，冷、热箱的温度应尽可能与构件的使用温度一致，其温差宜高于________℃。**

A. 5　　B. 10　　C. 15　　D. 20

答案：C

**133. 在测量交谈噪声时，若风速较大，则传声器________。**

A. 须加风罩　　B. 须降低高度　　C. 须适当转换方向　　D. 须增加高度

答案：A

**134. 在打磨机上操作时，应如何增加或减少压力________。**

A. 快速　　B. 随便　　C. 逐步　　D. 稳步

答案：C

**135. 模型工具使用后应如何放置________。**

A. 放在工作台上　　B. 及时放在工具箱中

C. 随意放置　　D. 放在随手可即的地方

答案：B

**136. 车床开动以后________。**

A. 不能同时使用纵、横向自动手柄　　B. 不能改变进给量

C. 可以同时使用纵、横向自动手柄

答案：A

137. 车削开始前要进行极限位置检查的原因是________。

A. 防止卡盘与刀架或车刀相撞　　B. 防止工件伸出长度不够

C. 防止工件因装卡不正而跳动　　D. 以上原因都不对

答案：A

138. 车床极限位置检查的方法是________。

A. 主轴低速，自动切至加工面的极限位置

B. 主轴低速，手动切至加工面的极限位置

C. 车刀对准加工面的极限位置，变速手柄放在空挡位置，用手扳动卡盘旋转一圈

D. 以上方法都不对

答案：C

139. 使用车床切削工件时要先锁紧________。

A. 尾座　　B. 尾座套筒　　C. 刀架　　D. 螺母

答案：C

140. 在铣床上装卸工件时，工作台位置应保证________。

A. 刀具在工件左方　　B. 刀具在工件右方

C. 刀具尽量远离工件　　D. 在对刀位置

答案：C

141. 在铣床快速进给时，应注意________。

A. 刻度盘　　B. 主轴转速

C. 刀具与工件的位置　　D. 刀具旋转方向

答案：C

142. 铣床对刀时，应保证________。

A. 刀具静止，工件快速进给　　B. 刀具旋转，工件慢速手动进给

C. 刀具静止，工件慢速进给　　D. 刀具旋转，工件快速手动进给

答案：B

143. 使用手锯锯工件快要锯断时，哪种做法是正确的________。

A. 放慢锯削速度　　B. 加大锯削时的压力

C. 锯削的速度可以加快　　D. 用榔头打断工件

答案：A

144. 使用钻床时，是否可以戴手套操作________。

A. 不可以　　B. 可以　　C. 随便　　D. 按需要

答案：A

145. 在钻床上，使用手动进刀时，应如何增加或减小压力________。

A. 小心　　B. 快速　　C. 随便　　D. 逐步

答案：D

146. 锉削加工中锉刀暂时不用时，应放在工作台的什么位置上________。

A. 锉刀放在什么位置都可以　　B. 锉刀放在台虎钳的上面

C. 锉刀放在台虎钳工作台的右面

答案：C

147. 操作钻床时，如果采用手动进刀，事先应该________。

A. 选好锉刀
B. 调整好行程限位块
C. 选好进给速度
D. 选好锯条
答案：B

148. 使用钻床钻孔时，工件是否需要牢固可靠地装夹________。
A. 不需要
B. 需要
C. 大的工件需要
D. 小的工件不需要
答案：D

149. 在钻床上钻削小工件时，是否可以直接用手拿________。
A. 可以
B. 不可以
C. 方便拿时可以
D. 不方便拿时不可以
答案：B

150. 起模针及气孔针在使用后，应该________。
A. 针尖朝下放入工具箱内
B. 针尖朝上放入工具箱内
C. 插入型砂堆中
D. 不用注意
答案：A

151. 造型时吹开分型砂可用下列哪种方式________。
A. 手风器吹
B. 嘴吹气
C. 手煽动
D. 上述三种方法都可以
答案：A

152. 对刚浇注完的铸件，应如何进行处理________。
A. 浇水加速其冷却
B. 用手去摸铸件
C. 立即落砂清理出铸件
D. 待其冷却一定时间后再进行落砂清理
答案：D

153. 对铸件进行落砂清理时，应注意什么事项________。
A. 直接伸手测试铸件温度
B. 直接伸手测试型砂温度
C. 戴好防护手套再进行落砂清理
答案：C

154. 锻造过程中，对站立位置有何要求________。
A. 不要站立在容易飞出锻件毛边的地方
B. 不要站在锻造设备附近
C. 对站立位置没有限制要求
答案：A

155. 锻造过程中，脚踩踏杆时，要注意什么事项________。
A. 脚跟不许悬空
B. 脚跟可以悬空
C. 脚跟时而悬空时而不悬空
答案：A

156. 锻造过程中，不锤击时，应注意什么事项________。
A. 脚可以一直搭在踏杆上，只要不用力
B. 脚应离开踏杆
C. 脚可以时而踩在踏杆，时而离开踏杆
D. 不用注意
答案：A

157. 锻造过程中，对于尚未冷却透的锻件，应注意________。

A. 可以接触它　　B. 不得接触它
C. 用嘴对其吹气，促使其冷却　　D. 直接伸手去取

**答案：**B

**158. 在冲压过程中，如果工件卡在模子里，应如何处理________。**

A. 直接用手拿　　B. 应使用专用工具取出
C. 可用手，也可用专用工具取　　D. 用铁棒撬

**答案：**B

**159. 在冲压过程中，装卸工件时，应注意什么事项________。**

A. 脚应离开踏杆
B. 脚可以一直搭在踏杆上，只要不用力
C. 脚可以时而踩在踏杆，时而离开踏杆
D. 不用注意

**答案：**A

**160. 在使用数控机床加工零件时，应注意________。**

A. 可以将自己编好的程序输入数控装置进行零件加工，碰到问题时可以随时改变程序
B. 可以将自己编好的程序随时输入数控装置进行零件加工
C. 严禁将未经验证的程序输入数控装置进行零件加工
D. 以上都不对

**答案：**A

**161. 手动操作数控铣床，为了确定不会超程或撞到机床的其他设施，应检查当前的________。**

A. 刀具的位置　　B. 主轴转速　　C. 夹具位置　　D. 参数设置

**答案：**A

**162. 数控电火花线切割机床在正常加工时，突然有烧焦气味从机床电器柜中传出，应采取哪种处理措施________。**

A. 顺着烧焦味道查找　　B. 用专用灭火器向电器柜喷射
C. 不予理睬继续加工　　D. 关闭机床总电源后查找原因

**答案：**D

**163. 数控车床在车削加工时必须________。**

A. 关上防护门　　B. 不必关上防护门
C. 根据需要可关也可开　　D. 关闭电源

**答案：**A

**164. 实验室水泵关闭前，阀门应该________。**

A. 全开　　B. 全关　　C. 半开　　D. 无所谓

**答案：**B

**165. 旋桨流速仪实验结束后应该如何放置________。**

A. 平放　　B. 竖放　　C. 头部悬空　　D. 尾部悬空

**答案：**C

**166. 使用后的水工模型应如何放置________。**

A. 放在仪器平台上　　B. 及时放入模型箱
C. 随意放置　　D. 放在随手可即的地方

答案：B

**167. 为保护听力，建筑物理实验室工作人员所处环境的噪声，在任何情况下均不得超过________。**

A. 115dB　B. 100dB　C. 95dB　D. 85dB

答案：A

**168. 对数控机床数控系统内部存储的所有参数，应注意________。**

A. 严禁私自打开、改动和删除　B. 可以任意打开、改动和删除

C. 可以任意打开，但不可改动和删除　D. 以上都不对

答案：A

**169. 使用行车时，应注意________。**

A. 学生可自行操作　B. 学生可在老师指导下操作

C. 持专业上岗证才能操作　D. 有机动车驾驶执照可操作

答案：C

**170. 当发现眼睛可能进了粉屑，应采取措施________。**

A. 坚持实习，下班后上医院

B. 先告诉指导教师，尽快上医院检查

C. 坚持实习，不是特别难受就不上医院

D. 立刻上医院进行检查

答案：B

**171. 如果在试验过程中，闻到烧焦的气味应如何办________。**

A. 关机走人　B. 打开通风装置通风

C. 立即关机并报告相关负责人员　D. 请同实验的人帮忙检查

答案：C

**172. 浇注过程中一旦发生安全事故，应________。**

A. 迅速逃离现场

B. 保持镇静，及时汇报并听从指导人员安排

C. 按自己判断，进行处理

答案：B

**173. 用于有机玻璃的粘合的三氯甲烷（氯仿），应注意________。**

A. 不可接触人体　B. 可以接触人体　C. 无所谓　D. 特殊情况可以

答案：A

**174. 旋桨流速仪传感器应该特别小心的部位是________。**

A. 头部旋桨　B. 杆部　C. 尾部接口　D. 尾部套口

答案：A

**175. 当齿轮少数齿面磨损严重时，可用齿面多层堆焊。施焊时，从齿根逐步焊到齿顶，每层重叠量为________。**

A. 2/5～1/2　B. 1/2～2/3　C. 1/3～2/3　D. 1/3～2/5

答案：A

**176. 向心推力轴承同时承受径向载荷和轴向载荷，如________。**

A. 角接触球轴承　B. 深沟球轴承　C. 推力球轴承　D. 调心球轴承

答案：A

**177. 润滑脂从轴承的侧面补给，要有________自由空间容积。**

A. 40% B. 50% C. 30% D. 70%

答案：A

**178. 代号为 6312 的滚动轴承，其内径为________**

A. 12mm B. 60mm C. 63mm D. 30mm

答案：B

**179. ________在日常运转中要保证正常润滑，用干油润滑时每三个月左右加油一次。**

A. 刚性联轴器 B. 挠性联轴器 C. 齿形联轴器 D. 万向联轴器

答案：B

**180. 跨度大或难以保证同轴度的轴应选用________，且成对使用。**

A. 深沟球轴承 B. 圆锥滚子轴承 C. 角接触球轴承 D. 调心轴承

答案：D

**181. 铸造箱体常用的热处理方式是________。**

A. 时效处理 B. 退火处理 C. 正火处理 D. 回火处理

答案：A

**182. 滚动轴承与轴配合一般用________。**

A. 基孔制过渡配合 B. 基轴制过渡配合

C. 基孔制过盈配合 D. 基孔制间隙配合

答案：A

**183. 以下属于黏着磨损的是________。**

A. 胶合磨损 B. 磨粒磨损 C. 磨料磨损 D. 疲劳磨损

答案：A

**184. 液压系统中，噪声发生在油缸部位，一般是________。**

A. 油缸中进入了空气 B. 振动引起

C. 油缸密封破坏 D. 活塞与活塞杆不垂直

答案：A

**185. 发生在控制阀附近的噪声，其原因主要为________失灵。**

A. 过滤器 B. 油缸 C. 油泵 D. 控制阀

答案：D

**186. 噪声发生于油泵中心线以下，产生原因主要是________。**

A. 过滤器堵塞 B. 油缸爬行 C. 控制阀失灵 D. 油泵吸空

答案：D

**187. 下列哪种伤害不属于机械伤害的范围________。**

A. 夹具不牢固导致物件飞出伤人

B. 金属切屑飞出伤人 C. 红眼病

答案：C

**188. 在未做好以下哪项工作以前，千万不要开动机器________。**

A. 通知主管 B. 检查过所有安全护罩是否安全可靠

C. 机件擦洗

答案：B

**189. 手用工具不应放在工作台边缘是由于________。**

A. 取用不方便　　B. 会造成工作台超过负荷

C. 工具易于坠落伤人

答案：C

**190. 在下列哪种情况下，不可进行机器的清洗工作________。**

A. 没有安全员在场　　B. 机器在开动中　　C. 没有操纵手册

答案：B

**191. 操纵砂轮时，下列哪项是不安全的________。**

A. 操纵者站在砂轮的正面操纵

B. 使用前检查砂轮有无破裂和损伤

C. 用力均匀磨削

答案：A

**192. 当操作打磨工具时，必须使用哪类个人防护用具________。**

A. 围裙　　B. 防护服　　C. 防护镜

答案：C

**193. 当发现有人触电时，首先应________。**

A. 用手将触电者拉起　　B. 立即切断电源

C. 立即进入人工呼吸抢救

答案：B

**194. 车床用的三爪自定心卡盘、四爪单动卡盘属于________的夹具。**

A. 通用　　B. 专用　　C. 组合

答案：A

**195. 在两个传动齿轮中间加一个齿轮（介轮），其作用是改变齿轮的________。**

A. 传动比　　B. 旋转方向　　C. 旋转速度

答案：B

**196. ________的功能是在车床停止过程中使主轴迅速停止制动。**

A. 变速机构　　B. 电动机　　C. 制动装置

答案：C

**197. 车床的丝杠是用________润滑的。**

A. 浇油　　B. 溅油　　C. 油绳　　D. 油脂杯

答案：A

**198. 粗加工时，切削液应选用以冷却为主的________。**

A. 切削液　　B. 混合液　　C. 乳化液

答案：A

**199. 螺纹的配合精度主要取决于螺纹中径的________。**

A. 公差　　B. 偏差　　C. 实际尺寸　　D. 公称尺寸

答案：C

**200. 车床上的卡盘、中心架等属于________夹具。**

A. 通用　　B. 专用　　C. 组合　　D. 标准

答案：A

**201. 切削用量中________对刀具磨损的影响最大。**

A. 切削速度 B. 进给量 C. 进给速度 D. 背吃刀量

答案：D

**202. 机床照明灯应选________V 供电。**

A. 220 B. 110 C. 36 D. 80

答案：C

**203. 机床故障源查找的一般原则是________。**

A. 从易到难，从内到外 B. 从难到易，从内到外

C. 从易到难，从外到内 D. 从难到易，从外到内

答案：C

**204. 对于简单低价值、利用率低、维修性好或修理不复杂且出现故障停机不影响生产大局的设备，维修经济性最好的维修方式是________。**

A. 事后维修 B. 定期维修 C. 状态维修 D. 事前维修

答案：A

**205. 在旋转电动机转轴时，感觉不正常，说明________部分有故障。**

A. 电路 B. 绕组 C. 机械 D. 接头

答案：C

**206. 在数控机床的使用过程中，由于零部件及电子元件出现疲劳、磨损、老化等，使系统处于频发故障状态。这一期间属于数控机床故障出现的________阶段。**

A. 磨合期 B. 衰退期 C. 稳定工作期 D. 诊断期

答案：B

**207. 在电机连续运行电路中，按启动按钮或强按接触器电机不转，电机有“嗡嗡”声，松开时接触器主触点只有两触点有火花。则可能是________原因。**

A. 短路 B. 无电源 C. 缺负载 D. 缺相

答案：D

**208. 试车要注意无严重跳火、冒火、异常气味、异常声音等现象，一经发现应立即________，切断电源。**

A. 报告 B. 闪开 C. 诊断 D. 停车

答案：D

**209. 开环和闭环控制系统主要区别在于有无________。**

A. 数控装置 B. 驱动装置 C. 伺服装置 D. 反馈装置

答案：D

**210. 限位开关在机床中起的作用是________。**

A. 短路开关 B. 过载保护 C. 欠压保护 D. 行程控制

答案：D

**211. 数控机床中，码盘是________反馈元件。**

A. 位置 B. 温度 C. 压力 D. 流量

答案：A

**212. 光栅尺是________。**

A. 一种能够准确地直接测量位移的工具

B. 一种数控系统的功能模块

C. 一种能够间接检测直线位移或角位移的伺服系统反馈元件

D. 一种能够间接检测直线位移的伺服系统反馈元件

答案：D

**213. 数控机床每次接通电源后在运行前首先应做的是________。**

A. 给机床各部分加润滑油　　B. 检查刀具安装是否正确

C. 机床各坐标轴回参考点　　D. 工件是否安装正确

答案：C

**214. 我国的安全生产方针是________。**

A. 安全第一，预防为主　　B. 安全第一，预防为主，综合治理

C. 安全第一，效率第一　　D. 节约成本第一

答案：A

**215. 在潮湿场地及触电危险性较大的工作环境，安全电压为________。**

A. 3V　　B. 12V　　C. 36V　　D. 24V

答案：B

**216. 气瓶冻结时，应采用________方法解冻。**

A. 火烤　　B. 蒸汽　　C. 40°以下的温水　　D. 敲击

答案：C

**217. 使用中的乙炔气瓶与明火的距离不小于________m。**

A. 10　　B. 5　　C. 3　　D. 15

答案：A

**218. 通过人体的电流越大，引起致命的危险性________。**

A. 越大　　B. 越小　　C. 不变　　D. 无规律变化

答案：A

**219. 乙炔胶管使用________。**

A. 黑色　　B. 蓝色　　C. 红色　　D. 黄色

答案：C

**220. 焊接通风是通过通风系统向车间送入新鲜空气，或将作业区内的________，从而改善作业环境，保护工人健康。**

A. 有害气体分解　　B. 有害气体排出

C. 二氧化碳排出　　D. 有害气体变成无害

答案：B

**221. 乙炔发生器的安全阀经常漏气时，应________。**

A. 用铁丝捆死阀门　　B. 及时检修　　C. 将阀门堵死　　D. 继续使用

答案：B

**222. 检查氧气减压器是否漏气时，可以使用________。**

A. 明火　　B. 汽油　　C. 肥皂水　　D. 柴油

答案：B

**223. 发生触电事故后，对触电者进行急救最重要的一步是________。**

A. 首先使触电者脱离电源　　B. 进行人工呼吸

C. 进行体外心脏按压　D. 呼救

答案：A

**224. 下列金属不能采用氧-乙炔焰切割的有________。**

A. 不锈钢　B. 高碳钢　C. 低碳钢　D. 铝及铝合金

答案：D

**225. 短路过渡时的频率为________**

A. 5～100Hz　B. 100～200Hz　C. 200～300Hz

答案：A

**226. 下列哪些物质加入熔渣，可以有效地改善熔渣的脱渣性________。**

A. $CaF_2$　B. FeO　C. $TiO_2$

答案：C

**227. 直流正接时，熔化速度是反极性的________倍。**

A. 0.16　B. 1.6　C. 16

答案：B

**228. 立焊时，中间焊道填充应适当做横向摆动，为使两侧坡口熔合良好，在坡口两侧应________。**

A. 停留片刻　B. 慢速折回　C. 快速折回

答案：A

**229. 有关气体钢瓶的正确使用和操作，以下说法中不正确的是________。**

A. 不可把气瓶内气体用光，以防重新充气时发生危险

B. 各种压力表可通用

C. 可燃性气瓶（如 $H_2$、$C_2H_2$）应与氧气瓶分开存放

D. 检查减压阀是否关紧，方法是逆时针旋转调压手柄至螺杆松动为止

答案：B

**230. 使用________的钢瓶，操作者的双手、手套及工具等不得沾染油脂。**

A. 氢气瓶　B. 氧气瓶　C. 氮气瓶　D. 氩气瓶

答案：B

**231. 被检修设备停电后，电源线路上应设置有________。**

A. 隔离电器　B. 接触器　C. 熔断器　D. 热继电器

答案：A

**232. 一般电气设备铭牌上的电压和电流的数值是________。**

A. 最大值　B. 有效值　C. 平均值

答案：B

**233. 设备的电源保护开关可接在________线上。**

A. 火　B. 地　C. 零

答案：A

## 二、判断题

1. 在充满可燃气体的环境中，可以使用手动电动工具。

答案：错误

2. 为了防止触电可采用绝缘、防护、隔离等技术措施以保障安全。

**答案：** 正确

3. 电工可以穿防静电鞋工作。

**答案：** 错误

4. 在距离线路或变压器较近，有可能误攀登的建筑物上，必须挂有“禁止攀登，有电危险”的标示牌。

**答案：** 正确

5. 有人低压触电时，应该立即将他拉开。

**答案：** 错误

6. 在潮湿或高温或有导电灰尘的场所，应该用正常电压供电。

**答案：** 错误

7. 清洗电动机械时可以不用关掉电源。

**答案：** 错误

8. 在使用手电钻、电砂轮等手持电动工具时，为保证安全，应该装设漏电保护器。

**答案：** 正确

9. 对于在易燃、易爆、易灼烧及有静电发生的场所作业的工人，可以发放和使用化纤防护用品。

**答案：** 错误

10. 在潮湿和金属容器内作业使用的照明电压不得超过36V。

**答案：** 错误

11. 机械操作人员离开使用的机械时应做到切断电源，锁好电箱门。

**答案：** 正确

12. 电焊钳过热后可以浸在水中冷却后使用。

**答案：** 错误

13. 焊工高处作业必须使用符合标准的安全带，并系在可靠的构件上。

**答案：** 正确

14. 金属焊接作业人员应持有效证件上岗操作。

**答案：** 正确

15. 在有害介质场所进行施焊时应采取防毒措施，必要时进行强制通风。

**答案：** 正确

16. 现场非电气焊工可以学习焊接操作。

**答案：** 错误

17. 气焊作业中发现气路或气阀漏气时必须立即停止作业。

**答案：** 正确

18. 气焊作业焊（割）炬点火时焊炬口不得对人。

**答案：** 正确

19. 乙炔表和氧气表损坏或失灵后还可以继续使用。

**答案：** 错误

20. 焊接就是通过加热、加压或两者并用，并且用（或不用）填充材料，使焊件达到原子结合的一种加工方法。

**答案：** 正确

21. 焊接不仅使金属材料永久地连接起来，也可以使某些非金属材料达到永久连接的目的。

**答案：** 正确

22. 熔焊是在焊接过程中，将焊件接头加热至塑性状态，然后施加一定压力完成的焊接方法。

**答案：** 错误

23. 钨极氩弧焊属于熔化极电弧焊。

**答案：** 错误

24. 由于焊接是一个局部的、不均匀的加热，冷却或加压，所以焊后的金属易产生变形及应力。

**答案：** 正确

25. 焊接、切割过程中会产生有害气体、金属蒸汽和粉末。

**答案：** 正确

26. 电击伤是由于电流通过人体内而造成的内部器官在生理上的反应和病变。

**答案：** 正确

27. 接触灼伤面积虽然较少，但深度可达三度，由于伤及人体组织深层，因此伤口难以愈合。

**答案：** 正确

28. 电流流经人体造成的死亡绝大部分是电击伤所致。

**答案：** 正确

29. 人体能自主摆脱的最大电流称为感觉电流。

**答案：** 错误

30. 通过人体的电流越大，致命的危险性就越小。

**答案：** 错误

31. 当工频 100mA 的电流通过人体时，可使人致死。

**答案：** 正确

32. 人体触及带电体时，电流由带电体经人体、大地形成回路，从而导致人体遭电击，称为单相触点。

**答案：** 正确

33. 电流通过人体的持续时间越长，越容易引起心室颤动，触电的后果也越严重。

**答案：** 正确

34. 当人体电阻一定时，作用于人体的电压越高，通过人体的电流就越大。

**答案：** 正确

35. 直流电流经人体的伤害程度比交流电严重。

**答案：** 错误

36. 人体触电时，人体的电阻越小，流过人体的电流越大，伤害的程度也越小。

**答案：** 错误

37. 人体的电阻主要包括人体内部电阻和皮肤电阻。

**答案：** 正确

38. 人体皮肤电阻是随皮肤表面干湿程度和接触电压而变化的。

答案：正确

39. 触电时，带电体与皮肤的接触面积增大、压力增大会降低人体电阻，触电危险性也增大。

答案：正确

40. 把电器设备的金属外壳接地或接到电路系统的中性点上叫做保护接地或保护接零。

答案：正确

41. 焊机长期超负荷运行或短路发热使绝缘损坏而造成焊机漏电。

答案：正确

42. 触电事故不是电弧焊作业的主要伤亡事故之一。

答案：错误

43. 禁止在存在闭合回路时闭合电源，在有负荷时切断电源，以免被电弧或炽热的熔化金属灼伤。

答案：正确

44. 接地电阻不得超过4Ω。

答案：正确

45. 施工人员进场前，必须经过项目部、施工队、班组三级安全教育，考试合格后方可上岗。

答案：正确

46. 必须将电焊机平稳安放在通风良好的地方，不准靠近高热及易燃易爆的环境。

答案：正确

47. 多台焊机可以共用一个电源开关。

答案：错误

48. 使用电焊机时，要注意避免因飞溅或漏电引起的火花造成的火灾事故。

答案：正确

49. 连接焊机与焊钳必须使用软电缆线，长度不宜超过2～3m。

答案：错误

50. 焊钳过热时，可以浸在水中冷却后使用。

答案：错误

51. 电源控制装置应装在电焊机附近，人手便于操作的地方，周围留有安全通道。

答案：正确

52. 焊机的一次电源线，长度不宜超过20～30m。

答案：错误

53. 焊接电缆可以搭在液化石油气瓶、乙炔瓶或其他易燃物的容器和材料上。

答案：错误

54. 电焊机的安装、修理及检查可由焊工自由进行。

答案：错误

55. 手或身体碰到带电的刀闸、极板、接线柱或绝缘损坏的导线会发生触电事故。

答案：正确

56. 严禁使用乙炔管道、氧气管道及易燃易爆气体等管道，作为接地的自然接地极。

答案：正确

57. 在离地面2m或2m以上地点进行焊接或切割作业时，称为登高焊接作业。

**答案：** 正确

58. 运输和装卸气瓶时，必须关紧气瓶阀、佩戴好瓶帽、防震圈、轻装轻卸，严禁抛、滑、滚、碰。

**答案：** 正确

59. 焊工长期接触焊接烟尘，如防护不良，可导致焊工尘肺、锰中毒和焊工金属热等三种病症。

**答案：** 正确

60. 电焊机裸露的接线柱必须设有防护罩。

**答案：** 正确

61. 在焊接作业时，佩戴的安全帽影响护目面罩时，可以不戴安全帽。

**答案：** 错误

62. 有一名工人没焊工证，但是焊接技术非常好，也可以进行电焊作业。

**答案：** 错误

63. 采用绝缘导线，可以架设在树木、脚手架上和钢筋上。

**答案：** 错误

64. 焊接气割时要注意风向，防止火星飞溅，焊割地点周围 10m 内不得有易燃易爆品。

**答案：** 正确

65. 重力总是使熔滴脱离焊线过渡到熔池中。

**答案：** 错误

66. 焊缝符号的标注，如焊缝在接头的箭头侧，则将基本符号标注在基准线的虚线侧。

**答案：** 错误

67. $CO_2$ 气保焊对氢气孔较埋弧焊敏感。

**答案：** 错误

68. 焊丝伸出长度是指喷嘴端部到工件的距离。

**答案：** 错误

69. 碱性焊条焊接时，焊接区内的气体主要是 CO、$H_2$、$CO_2$。

**答案：** 错误

70. 去除应力退火又称低温退火，主要是消除焊接件等的内应力。

**答案：** 正确

71. 焊丝直径愈粗，允许使用的焊接电流愈小。

**答案：** 错误

72. 气焊时，一个回火防止器只能连接一把焊枪。

**答案：** 正确

73. 由于埋弧焊的热能集中，焊接速度快，所以焊件的变形大。

**答案：** 错误

74. 紫外线对人体的伤害是由于光化学作用，它主要造成皮肤和眼睛的损害。

**答案：** 正确

75. 建设工程安全应坚持“安全第一、预防为主”的工作方针，贯彻落实国家法律、法规和各项规章制度。

答案：正确

76. 施工现场要有防火管理制度，建立防火责任制，有专人负责，并配备必需的消防器材。

答案：正确

77. 焊接气割时要注意风向，防止火星飞溅，焊割地点周围10m内不得有易燃易爆物品。

答案：正确

78. 焊工必须穿戴防护衣具，电弧焊工要穿戴防护面罩，焊工应站在干燥物体或其他绝缘垫上作业。

答案：正确

79. 未经安全三级教育及考试不合格的职工可以先上岗独立操作，但必须进行补考或补上安全三级教育课。

答案：错误

80. 开启车床前，应检查润滑油是否符合运行要求。

答案：正确

81. 开启车床前，不用检查车床各手柄是否处于正常位置。

答案：错误

82. 安装刀具时，要正确使用扳手，并防止扳手滑脱伤人。

答案：正确

83. 机床在运行中，可以更换主轴转速。

答案：错误

84. 铣床加工工作结束后，工作台应停在中央位置，升降台应落到最低位置。

答案：正确

85. 在机床快速进给时，要把手轮离合器打开，以防手轮快速旋转伤人。

答案：正确

86. 磨床开车前应先检查各操作手柄是否已退到空挡位置上，然后空车运转，并注意各润滑部位是否有油，空转数分钟，确认机床情况正常再进行工作。

答案：正确

87. 可以用手拿工件进行磨削。

答案：错误

88. 使用手锯时，安装锯条松紧要适当，拉锯速度不要过快，压力不要过大，以免锯条突然崩断弹出而发生伤人事件。

答案：正确

89. 使用手锯锯工件快要锯断时，要及时用手扶住被锯下的部分，防止工件落下砸伤脚或损坏工件。

答案：正确

90. 锉削时，如果暂时不使用锉刀，应将锉刀放在台虎钳工作台的右面，其手柄不可露出工作台面。

答案：正确

91. 使用钻床钻孔时，身体与主轴可以靠近些，这样工作起来比较方便。

答案：错误

92. 在钻床上工作时，如果钻头上缠有长铁屑，可用手拉断。

**答案：** 错误

93. 在钻床上工作时，如果钻头上缠有铁屑，应停车清理。

**答案：** 正确

94. 在钻床上使用手动进刀时，应逐步增加或逐步减小压力，以免用力不当引发事故。

**答案：** 正确

95. 在钻床上钻削小工件，可以直接用手拿，而不必一定使用工具夹持。

**答案：** 错误

96. 使用钻床工作时，应全面检查钻床、工具、夹具等，确认无误后，方可进行。

**答案：** 正确

97. 使用磨床磨平面时，应检查磁盘吸力是否正常，工件要吸牢。接触面较小的工件，前后要放挡块、加挡板，按工件磨削长度调整好限位挡铁。

**答案：** 正确

98. 电火花机床开机后可以触摸两电极。

**答案：** 错误

99. 仪器设备出现异常时，须立即停机，并找专业人员进行检修。

**答案：** 正确

100. 手工锻造时思想要集中，掌钳者必须夹牢和放稳工件，并控制锤击方向。

**答案：** 正确

101. 手工锻造时，钳子要端平，锻件套紧钳箍。掌钳者的手指不允许插入钳杆之间，以免钳杆夹伤。

**答案：** 正确

102. 手工锻打时，锻件应放在下抵铁中央，锻件及垫铁等工具必须放正、放平。

**答案：** 正确

103. 锻压过程中，踩踏杆时，脚跟可悬空进行操作。

**答案：** 错误

104. 锻压过程中，不锤击时，脚可一直踩在踏杆上。

**答案：** 错误

105. 锻造过程中，身体不得接触尚未冷却透的锻件。

**答案：** 正确

106. 锻造实习中，可用锤头空击下抵铁，或者直接锻打过热或已冷的锻件。

**答案：** 错误

107. 锻造过程中，不要站立在容易飞出火星和锻件毛边的地方。

**答案：** 正确

108. 四柱液压机外露滑动表面要保持清洁，工作前检查机油是否符合要求。

**答案：** 正确

109. 在进行冲压操作时，无论是剪板、冲裁还是成形，手绝对不允许放在刀口或模具之下。

**答案：** 正确

110. 使用氧-乙炔火焰气焊与气割前，须检查是否配置了回火保险装置。

答案：正确

111. 气焊与气割操作时要正确选择和调整好气体减压器的工作压力。

答案：正确

112. 数控铣床对刀时，可以快速进给。

答案：错误

113. 使用数控铣床时，可以在一人装夹工件时，另一人传输程序。

答案：错误

114. 数控电火花线切割机床在加工时，可以用手触摸钼丝。

答案：错误

115. 在冲压过程中，必须小心谨慎地控制脚踏开关，严禁外人在脚踏开关的周围停留。

答案：正确

116. 在冲压过程中，装卸工件时，脚可一直放在脚踏开关上。

答案：错误

117. 在冲压过程中，如果工件卡在模子里，应先关闭电源，并用专业工具取出。

答案：正确

118. 操作冲床进行冲压作业时，可以在冲模过程中伸手取放工件。

答案：错误

119. 冲床工作过程中，严禁检修和调整模具。

答案：正确

120. 安装工件时，工件要装正、夹紧，装、卸工件后必须及时取下卡盘扳手。

答案：正确

121. 加工工件时，可在加工过程中随时测量工件尺寸。

答案：错误

122. 试验机的测试数据应分门别类存放，并及时备份。

答案：正确

123. 使用大功率的实验设备前，要检查线路是否接地。

答案：正确

124. 照度计应避免剧烈振动。

答案：正确

125. 浇注期间，其他同学不用让开通道，或可站在身旁观看。

答案：错误

126. 锻造实习期间要穿好工作服、工作鞋。

答案：正确

127. 焊接场地在10m内，禁止堆放易燃和易爆物质。

答案：正确

128. 焊接场地应预留安全通道并保持畅通。

答案：正确

129. 机床运行中不准离开，且要精神集中。

答案：正确

130. 操作机床时，应穿工作服。

答案：正确

131. 操作机床时，为防止切屑伤手，可以戴手套。

答案：错误

132. 操作机床时，留长发者要戴安全防护帽。

答案：正确

133. 机床运行时，不准用手触摸旋转的工件。

答案：正确

134. 在钻床上工作时，为保护双手，可以戴手套进行工作。

答案：错误

135. 实习期间，不准随意乱动铸造车间的设备，必须经师傅批准后在师傅指导下，方可启动。

答案：正确

136. 操作机床前要穿好工作服，袖口扣紧，上衣下摆不能敞开，严禁戴手套，不得在开动的机床旁穿、脱换衣服，防止机器绞伤。

答案：正确

137. 钳工工作时，应穿好工作服，扎紧袖口，长发者要戴好防护帽。

答案：正确

138. 使用精密仪器时，必须严格按照操作规程进行操作，细心谨慎，避免因粗心大意而损坏仪器。如发现仪器有故障，应立即停止使用，报告教师，及时排除故障。使用后必须自觉填写登记本。

答案：正确

139. 在任何情况下，起吊的重物之下严禁站人。

答案：正确

140. 锻造实习中，不得随意拨动锻压设备的开关和操纵手柄等。

答案：正确

141. 焊接时，必须穿戴好必要的防护用品，如工作服、手套、防护眼镜等。

答案：正确

142. 机床加工过程中出现异常或系统报警时，应立即停机并报告指导老师，待正常后方可继续操作。

答案：正确

143. 严禁将未经验证的程序输入数控装置进行零件加工。

答案：正确

144. 箱式电阻炉的加热元件及其电源连接点需保持良好的绝缘性能，管理员应进行定期检查。

答案：正确

145. 使用造型工具时，发生安全问题后不向师傅反映，想办法自行解决。

答案：错误

146. 严格按照要求摆放造型工具，使用完的造型工具应及时放入工具箱。

**答案**：正确

147. 冲压模型前，认真检查防护装置的完好性以及离合器和制动装置的安全性。

**答案**：正确

148. 冲压模型前，不用清理干净工作台上不必要的物件。

**答案**：错误

149. 冲压小工件时，可以用手送而不使用专用工具。

**答案**：错误

150. 当工件卡在模具中时，可以用手将工件取出。

**答案**：错误

151. 在设备停止运行期间，可对设备按钮进行转动、调节。

**答案**：错误

152. 高速设备和精密设备应在管理人员指导下使用。

**答案**：正确

153. 电源的电压、容量必须符合仪器设备的用电要求。

**答案**：正确

154. 仪器设备开机前要先阅读熟悉该机器设备的操作规程。

**答案**：正确

155. 大型设备运行不需要两名以上工作人员在场。

**答案**：错误

156. 操作数控电火花线切割机床必须佩戴专用防护手套，以免被工作液将手腐蚀造成皮肤损伤。

**答案**：错误

157. 电弧焊焊接工位的防护屏可预防焊接电弧辐射对他人的伤害。

**答案**：正确

158. 热处理实验使用的金属试件在进行热处理后，有微量的金属粉末和氧化物粉尘产生，可造成污染。

**答案**：正确

159. 箱式电阻炉的使用必须确保安全用电，否则易发生人身安全事故。

**答案**：正确

160. 箱式电阻炉的外壳不一定要接地。

**答案**：错误

161. 声级计长期不用时应取下电池。

**答案**：正确

162. 声级计可放置在高温、潮湿、有污染的地方。

**答案**：错误

163. 声级计的传声器可自行拆卸。

**答案**：错误

164. 风速计为一较精密的仪器，严防碰撞振动，不可在含尘量过多或有腐蚀性的场所使用。

**答案**：正确

165. 照度计使用时，应防止强光暴射。

**答案：** 正确

166. 在剪切作业时，光线强度、湿度变化都能影响作业的安全。

**答案：** 正确

167. 车工可以戴手套操作。

**答案：** 错误

168. 工人操作刨床时，应该站在工作台的前面。

**答案：** 错误

169. 运转中的机械设备对人的伤害主要有撞伤、压伤、轧伤、卷缠等。

**答案：** 正确

170. 机器保护罩的主要作用是使机器较为美观。

**答案：** 错误

171. 在锻造过程中，及时清除锻件、锤子和冲头的毛刺是为了使锻件更为美观。

**答案：** 错误

172. 在金属冷加工中经常发生烫伤事件。

**答案：** 正确

173. 机床上所安装的安全防护装置主要是用于防止物件进入机器里面。

**答案：** 错误

174. 工人操作风车锯，当割锯物体长度小于 30cm 时，应当仔细用手操作。

**答案：** 错误

175. 锻件温度过低时，锻工应该拒绝锻打。

**答案：** 正确

176. 钻孔时，当钻尖快要钻穿工件时，应该加快钻尖下降速度以迅速钻透。

**答案：** 错误

177. 工人操作机械时穿着的“三紧”工作服是指袖口紧、领口紧、下摆紧。

**答案：** 正确

178. 应该用汽油擦机器、洗工件、擦地和洗手、洗衣服。

**答案：** 错误

179. 为了取用方便，手用工具应放置在工作台边缘。

**答案：** 错误

180. 发现有人被机械伤害的情况时，虽及时紧急停车，但因设备惯性作用，仍可造成伤亡。

**答案：** 正确

181. 对特种设备的监管包括对其附属的安全附件、安全保护装置和与安全保护装置相关的设施。

**答案：** 正确

182. 压力机的双手操纵安全装置不仅可以保护直接操作者，也可以保护在压力机周围作业的其他人员的安全。

**答案：** 错误

183. 在机器运行的正常状态下没有危险，只有在非正常状态才存在危险。

答案：错误

184. 操纵装置是用来对机械的运行状态进行控制的装置，应该与人体运动器官的特性相适应，并与操作任务要求相适应。

答案：正确

185. 在压力机操作时使用手用工具可以代替人手伸进危险区送取料，配备了手用工具，可以取代安全装置。

答案：错误

186. 木工压刨、平刨更换刀具时操作者应戴手套，金属切削车床在进行车削工件时不应戴手套。

答案：正确

187. 在机器的设计制造、使用改造中，如遇安全技术措施和经济利益发生矛盾时，必须优先考虑安全技术上的要求。

答案：正确

188. 在进行机械安全风险评价时，对于那些可能导致最严重的损伤或对健康的危害，如果发生概率极低，就可以不必考虑。

答案：错误

189. 起重臂仰角应限于30°～70°。

答案：正确

190. 本质安全是指操作失误时，设备能自动保证安全。

答案：正确

191. 按诱发事故的危险源不同，可分为机械能、化学能、物理能、热能、放射能等有害因素。

答案：错误

192. 机械加工设备的工作面高度应符合人机工程学的要求，坐姿工作面高度应在700～850mm之间。

答案：正确

193. 机械伤害人体最多的部位是手，因为手在劳动中与机械接触最为频繁。

答案：正确

194. 在齿轮传动机构中，两轮开始啮合的地方最危险。

答案：正确

195. 焊钳发热，采用浸入冷水的办法冷却后投入使用。

答案：错误

196. 机械危险因素，即导致人员患病的因素。

答案：错误

197. 固定式防护罩用螺栓、螺母或铆接牢固固定在设备上，一般采用开放式结构。

答案：错误

198. 机床操作人员必须经专门的安全技术培训，掌握所操作的机床结构、性能、机械原理、使用范围、维修常识，持有《安全作业证》。

答案：正确

199. 氧、乙炔瓶使用安全间距不少于5m，距明火点不少于10m。

**答案：** 正确

200. 凡高空或坑洞之高架作业，距地面高或深2m以上无护栏者，必须使用合格的安全带。

**答案：** 正确

201. 专项点检员是其管辖的现场生产设备状态的直接责任者。

**答案：** 正确

202. 点检工作分别由生产岗位操作人员和设备运行维护人员及专职点检员承担。

**答案：** 正确

203. 点检定修制的实质就是以预防维修为基础，以点检为核心的全员维修制。

**答案：** 正确

204. 点检定修制管理目标：减少设备故障时间，降低设备维修费用，获取最大的经济效益。

**答案：** 正确

205. 计划检修项目的具体内容来源于周期管理项目；劣化倾向管理项目；生产、设备、安全提出的改善委托项目；上次检修遗留项目。

**答案：** 正确

206. 点检实绩缺陷异常记录须记录点检作业发现的设备缺陷、异常情况及处理结果，对无法及时处理的问题可列为检修计划和改善计划项目。

**答案：** 正确

207. 点检按点检周期分日常点检、定期点检、精密点检。

**答案：** 正确

208. 生产方按分工协议在TPM中应做以下基本作业：清扫、加油、调整、整理、整顿。

**答案：** 错误

209. 设备劣化主要原因有保温不良、灰尘沾污、螺栓松弛、受热、潮湿。

**答案：** 正确

210. 设备计划检修根据时间、条件不同，分为日修、定修、年修、抢修。

**答案：** 错误

211. 备件按其属性分为五大类，即定额消耗件、轧辊、计划更换件、事故件、循环品。

**答案：** 正确

212. 设备“四保持”是保持设备的外观整洁、保持设备的结构完整性、保持设备的性能和精度、保持设备的自动化程度。

**答案：** 正确

213. 设备运行状态管理的目的是掌握设备运行信息。

**答案：** 错误

214. 设备故障（事故）分析包括数据收集、数据整理、制订纠正措施、预案发布及结果跟踪五个要素。

**答案：** 错误

215. 环保设施同步运转率＝(环保设施规定运转时间－环保设施临时停机时间)/环保设施规定运转时间×100％。

**答案：** 正确

216. 检修准备包括项目准备、人员准备、方案准备、工器具准备、物料准备、安措准备、挂牌准备、组织准备等八个方面准备工作。

**答案：** 正确

217. 协力检修人员只要持有协力检修人员作业证就可从事任何检修作业。

**答案：** 错误

218. 定修就是通常所说的定期维修。

**答案：** 错误

219. 事后维修也就是抢修。

**答案：** 错误

220. 双线式集中润滑系统使用两条供油管交替供油，当其中一条由润滑泵供油时，另一条则向储油桶开放，双线分配器有两个进油口，分别与两根供油管连接。

**答案：** 正确

221. 压差开关安装在双线式集中润滑系统中，其作用是系统工作时在两管路的终端建立压差，达到设定值时向控制箱发出信号，用于换向或停止工作。

**答案：** 正确

222. 违规操作是发生起重伤害事故的主要原因。

**答案：** 正确

223. 在起重机桥架或脚手板上检修，必须佩戴安全带，安全带应高挂低用。

**答案：** 正确

224. 起重机的吊钩应定期检查，至少每一年检查一次。

**答案：** 错误

225. 吊钩的危险断面出现磨损沟槽时，应补焊后使用。

**答案：** 错误

226. 在吊运过程中，重物离地面高度越低越好，这样有利于提高生产效率。

**答案：** 错误

227. 葫芦式起重机的安全运行，很大程度上取决于起重机的安全装置。

**答案：** 正确

228. 电动葫芦在吊钩处于最低处时，卷筒上的钢丝绳必须保证有不少于1圈的安全圈。

**答案：** 错误

229. 起重机发生火灾的原因主要是由于电气设备在运行中超过额定负荷造成线路短路过热或打火花。

**答案：** 正确

230. 主轴变速必须停车，变换进给箱手柄要在低速进行。为保持丝杠的精度，除车削螺纹外，不得使用丝杠机动进给。

**答案：** 正确

231. 工具箱内应分类摆放物件。不可随意乱放，以免损坏和丢失。

**答案：** 正确

232. 在车床上工作时必须戴手套。

**答案：** 错误

233. 在机床主轴上装卸卡盘应在停机后进行，可用电动机的力量取下卡盘。

答案：错误

234. 车削细长工件时，为保证安全应采用中心架或跟刀架，长出车床部分应有标志。

答案：正确

235. 对切削下来的带状切屑、螺旋状长切屑，可以用手及时清除。

答案：错误

236. 禁止把工具、夹具或工件放在车床床身上和主轴变速箱上。

答案：正确

237. 用顶尖装夹工件时，顶尖与中心孔应完全一致，不能用破损或歪斜的顶尖，使用前应将顶尖和中心孔擦净。后尾座顶尖要顶牢。

答案：正确

238. 除车床上装有运转中自动测量装置外，均应停车测量工件，并将刀架移动到安全位置。

答案：正确

239. 工作中焊机及电流调节器的温度不应超过60℃。

答案：正确

240. 当焊接或切割工作结束后，要仔细检查焊接场地周围，确认没有（起火）危险后，方可离开现场。

答案：正确

241. 咬边作为一种缺陷的主要危害是在咬边处会引起应力集中。

答案：正确

242. 减压器具既有降压作用又有稳压的作用。

答案：正确

243. 随着割件厚度的增加，选择的割嘴号码应增大，使用的氧气压力也相应要增大。

答案：正确

244. 气割时割嘴向切割方向倾斜，火焰指向已割金属称为割嘴的前倾。

答案：错误

245. 气焊停止时，应先关乙炔调节阀，然后关氧气调节阀。

答案：正确

246. 在狭窄和通风不良的地沟、坑道及密闭容器、舱室中进行气焊、气割作业时，焊炬、割炬应随人进出，严禁将焊炬、割炬放在工作地点。

答案：正确

247. 直流焊接时，焊条接电源正极的接法叫正接。

答案：错误

248. 焊机空载时，由于输出端没有电流，所以不消耗电能。

答案：错误

249. 忠于职守就是要把自己职业范围内的工作做好，合乎质量标准和规范要求。

答案：正确

250. 当空气的相对湿度超过75%时，即属于焊接的危险环境。

答案：正确

251. 焊接时弧光中的红外线对焊工会造成电光性眼炎。

**答案：** 错误

252. 弧焊电源安装时，每台焊机必须有单独的电源开关。

**答案：** 正确

253. 距高压线 3m 或距低压线 1.5m 范围内焊接作业时，高压线或低压线必须停电作业。

**答案：** 正确

254. 人在接地点周围、两脚之间出现的电压即为跨步电压。

**答案：** 正确

255. 碳钢焊条一般是按焊缝与母材等强度的原则来选用。

**答案：** 正确

256. 当接头坡口表面铁锈等难以清理干净时，应选用抗裂性能好的碱性焊条。

**答案：** 错误

257. 保管焊条的库房要保持一定湿度，要求相对湿度应在 60%以下。

**答案：** 正确

258. 储存焊条必须垫高，与地面和墙壁的距离均应大于 0.3m。

**答案：** 正确

# 第四模块　化学化工类安全知识

## 一、单选题

**1. 做加热易燃液体实验时，应该________。**

A. 用电热套加热，可不用人看管　　B. 用电炉加热，要有人看管

C. 用水浴加热，要有人看管

答案：C

**2. 实验室各种管理规章制度应该________。**

A. 存放在档案柜中　　B. 集中挂在醒目的地方

C. 由相关人员集中保管

答案：B

**3. 实验室安全管理实行________级管理。**

A. 校、（院）系两级管理　　B. 校、（院）系、实验室三级管理

C. 院（系）、实验室两级管理

答案：B

**4. 实验室安全管理应坚持________的方针。**

A. 安全第一，预防为主　　B. 安全第一，实验第二

C. 安全为了实验，实验必须安全

答案：A

**5. 毒物进入人体最主要、最常见的途径是________。**

A. 皮肤　　B. 呼吸道　　C. 眼睛　　D. 消化道

答案：B

**6. 当不慎把少量浓硫酸滴在皮肤上时，正确的处理方法是________。**

A. 马上去医院　　B. 用酒精擦

C. 用碱液中和后，用水冲洗　　D. 以吸水性强的纸吸去后，用水冲洗

答案：D

**7. 当有危害的化学试剂发生泄漏、洒落或堵塞时，应________。**

A. 赶紧打扫干净或收拾起来　　B. 首先避开并想好应对的办法再处理

C. 收集掩埋

答案：A

**8. 下列物品不属于剧毒化学品的是________。**

A. 氯化汞　　B. 氰化钾　　C. 铊　　D. 甲醛

答案：D

**9. 回流和加热时，液体量不能超过烧瓶容量的________。**

A. 2/3　　B. 1/2　　C. 3/4　　D. 4/5

答案：A

**10. 严禁在化验室内存放总量大于________体积的瓶装易燃液体。**

A. 30L　　B. 10L　　C. 20L　　D. 25L

答案：C

**11. 易燃化学试剂理想存放温度是________，允许存放最高室温不得超过________。**

A. －4～4℃；30℃　　B. 0～10℃，30℃　　C. 0～5℃，20℃　　D. －4～4℃，40℃

答案：A

**12. 易燃易爆试剂应放在________。**

A. 木柜中，柜的顶部要有通风口　　B. 铁柜中，柜的顶部要有通风口

C. 铁柜中，并要密封保存　　D. 木柜中，并要密封保存

答案：B

**13. 实验室常用溶剂应________。**

A. 按字母顺序存放　　B. 按药品类别分开存放

C. 按生产日期存放

答案：B

**14. 师生进入实验室工作，一定要搞清楚________等位置，有异常情况立即关闭相应的总开关。**

A. 电源总开关、水源总开关

B. 日光灯开关、水槽、通风橱

C. 通风设备开关、多媒体开关、计算机开关

答案：A

**15. 如果在实验过程中，听到某台仪器砰地响了一声，应该________。**

A. 立即离开实验室

B. 过去看看发生了什么

C. 关闭电源，然后立即离开实验室并报告

D. 不去理会，继续做自己的实验

答案：C

**16. 手用工具不应放在工作台边缘是因为________。**

A. 会造成工作台超负荷　　B. 取用不方便

C. 工具易于坠落伤人

答案：C

**17. 操作转动的机器设备时，不应佩戴________。**

A. 手套　　B. 戒指　　C. 手表

答案：A

**18. 安全色的用途很广，下列情况________是安全色的应用。**

A. 电线的颜色　　B. 管道等涂以不同颜色

C. 氮气瓶上涂的黄色　　D. 紧急停止按钮的颜色

答案：D

**19. 易燃液体应盛装在________。**

A. 瓷器　　B. 玻璃容器
C. 具有防腐功能的金属容器　　D. 塑料容器
答案：C

**20. 任何场所的防火通道内，都要装置________。**
A. 出路指示灯及照明设备　　B. 防火标语及海报
C. 消防头盔和防火服装　　D. 灭火器材
答案：A

**21. 大部分的触电死亡事故是________造成的。**
A. 摆脱电流　　B. 电伤　　C. 电击　　D. 电烧伤
答案：C

**22. 爆炸现象的最主要特征是什么________。**
A. 压力急剧升高　　B. 温度升高　　C. 周围介质振动　　D. 发光发热
答案：A

**23. 安全阀的说法中，错误的是________。**
A. 当气体压力超高时，安全阀就会启跳，把多余气体放出
B. 它可起到防压力超高的保护作用
C. 安全阀若漏，则下面管线是热的，严重时有气流声
D. 所有安全阀一旦启跳就不会复位
答案：D

**24. 安全生产法规具有如下什么特性________。**
A. 建议性　　B. 强制性　　C. 随意性
答案：B

**25. 化工从业人员在作业过程中，应当严格遵守本单位的安全生产规章制度和操作规程，服从管理，正确佩戴和使用________。**
A. 劳动防护用品　　B. 安全卫生设施　　C. 劳动防护工具
答案：A

**26. 安全就是________。**
A. 不发生伤亡事故
B. 不发生事故
C. 不存在发生事故的危险
D. 所存在的发生事故的危险程度是可以接受的
答案：D

**27. 安全事故处理应坚持的原则，下列哪一项不符合________。**
A. 事故责任者和员工没有受到教育不放过
B. 事故原因不清楚不放过
C. 事故责任者没有处理不放过
D. 没有制订防范措施放过
答案：D

**28. 使用易燃易爆的化学药品，不正确的操作是________。**
A. 在通风橱中进行操作　　B. 可以用明火加热

C. 不可猛烈撞击　　D. 加热时使用水浴或油浴

答案：B

**29. 对实验室安全检查的重点是________。**

A. 清除污染和废弃物处置情况

B. 规章制度的建立和执行情况

C. 可燃易燃性、可传染性、放射性物质、有毒物质的使用和存放

D. 以上都是

答案：D

**30. 以下哪些行为是实验室禁止的行为________。**

A. 在实验室内放置与实验无关的物品　　B. 在实验室内追逐、嬉闹

C. 在实验室使用电暖器等取暖设备　　D. 以上皆是

答案：D

**31. 学校对危险化学废物的处理的工作原则是________。**

A. 分类收集、定点存放、专人管理、集中处理

B. 自行处理

C. 当作生活垃圾处理

D. 以上都不对

答案：A

**32. 万一发生电气火灾，首先应该采取的第一条措施是________。**

A. 切断电源　　B. 打电话报警　　C. 扑灭明火　　D. 求援

答案：A

**33. 实验室、办公室等用电场所如需增加电器设备，以下说法正确的是________。**

A. 须经学校有关部门批准，并由学校指派电工安装

B. 老师自行改装

C. 学生可以私自改接

答案：A

**34. 随手使用的手纸、饮料瓶等垃圾应该如何处理________。**

A. 扔地上　　B. 扔桌子上　　C. 交给老师　　D. 扔垃圾桶

答案：D

**35. 化学药品存放室要有防盗设施，保持通风，试剂存放应________。**

A. 大量危险化学品存放在实验室　　B. 按不同类别分类存放

C. 可以存放在走廊上

答案：B

**36. 实验室钥匙不得私自配置或给他人使用。钥匙的配发、管理由谁负责________。**

A. 指导教师　　B. 实验室管理员　　C. 学生

答案：B

**37. 为避免误食有毒的化学药品，以下说法正确的是________。**

A. 在实验室内可吃口香糖

B. 可把食物、食具带进化验室

C. 使用化学药品后须先洗净双手方能进食

D. 实验室内可以吸烟

答案：C

**38. 药品中毒的途径有哪些________。**

A. 由皮肤渗入　B. 呼吸器官吸入　C. 吞入　D. 以上都是

答案：D

**39. 在实验室区域内，可以________。**

A. 睡觉过夜和进行娱乐活动　B. 吸烟、烹饪、用膳

C. 做与学习、工作有关的事情

答案：C

**40. 对常用的又是易制毒的试剂，应________。**

A. 放在抽屉里，并由专人管理

B. 放在试剂架

C. 锁在实验室的试剂柜中，并由专人管理

答案：C

**41. 进行危险性实验时，应________。**

A. 必须要有两人以上　B. 单人操作

C. 必须要有三人

答案：A

**42. 实验室内的浓酸、浓碱处理，一般可________。**

A. 不经处理，沿下水道流走

B. 先中和后倾倒，并用大量的水冲洗管道

C. 不需中和，直接向下水道倾倒

答案：B

**43. 实验室人员发生触电时，下列哪种行为是不正确的________。**

A. 应迅速注射兴奋剂

B. 应迅速切断电源，将触电者上衣解开，取出口中异物，然后进行人工呼吸

C. 当患者伤势严重时，应立即送医院抢救

答案：A

**44. 在使用设备时，如果发现设备工作异常，应________。**

A. 关机走人　B. 停机并报告相关负责人员

C. 继续使用，注意观察　D. 停机自行维修

答案：B

**45. 下列选项中属于防爆的措施的是________。**

A. 控制可燃物形成爆炸性混合物　B. 防止形成爆炸性混合物的化学品泄漏

C. 消除火源，安装检测和报警装置　D. 以上都是

答案：D

**46. 在火灾逃生方法中，以下不正确的是________。**

A. 弯着身子快速跑到安全地点　B. 用湿毛巾捂着嘴巴和鼻子

C. 躲在桌底下，等待消防人员救援　D. 从最近的消防通道跑到安全地点

答案：C

**47. 实验室仪器设备用电或线路发生故障着火时，应立即________，并组织人员用灭火器进行灭火。**

A. 切断现场电源　　B. 将贵重仪器设备迅速转移

C. 将人员疏散

答案：A

**48. 不慎发生意外，下列哪个操作是正确的________。**

A. 任何时候见到他人洒落的液体应及时用抹布抹去，以免发生危险

B. 如果不慎将化学品弄洒或污染，立即自行回收或者清理现场，以免对他人产生危险

C. pH 值中性即意味着液体是水，自行清理即可

D. 不慎将化学试剂弄到衣物和身体上，立即用大量清水冲洗 10～15 分钟

答案：D

**49. 实验开始前应该做好哪些准备________。**

A. 应仔细检查仪器是否有破损，掌握正确使用仪器的要点，弄清水、电、气的管线开关和标记，保持清醒头脑，避免违规操作

B. 必须认真预习，理清实验思路

C. 了解实验中使用的药品的性能和有可能引起的危害及相应的注意事项

D. 以上都是

答案：D

**50. 大量试剂应放在什么地方________。**

A. 实验室内试剂柜中　B. 试剂架上　C. 实验台下柜中　D. 试剂库内

答案：D

**51. 实验中用到很多玻璃器皿，容易破碎，为避免造成割伤应该注意什么________。**

A. 不能口径不合而勉强连接

B. 装配时不可用力过猛，用力处不可远离连接部位

C. 玻璃折断面需烧圆滑，不能有棱角

D. 以上都是

答案：D

**52. 天气较热时，打开腐蚀性液体，应该________。**

A. 用毛巾先包住塞子　B. 直接用手　C. 戴橡胶手套　D. 用纸包住塞子

答案：A

**53. 下列实验操作中，说法正确的是________。**

A. 在通风橱操作时，可将头伸入通风柜内观察

B. 可以对容量瓶、量筒等容器加热

C. 非一次性防护手套脱下前必须冲洗干净，而一次性手套时须从后向前把里面翻出来脱下后再扔掉

D. 可以抓住塑料瓶子或玻璃瓶子的盖子搬运瓶子

答案：C

**54. 剧毒物品保管人员应做到________。**

A. 账物相符　B. 日清月结　C. 手续齐全　D. 以上都对

答案：D

**55. 在使用化学药品前应做好的准备有________。**

A. 掌握药品的物理性质（如熔点、沸点、密度等）和化学性质

B. 明确药品在实验中的作用

C. 了解药品的毒性；了解药品对人体的侵入途径和危险特性；了解中毒后的急救措施

D. 以上都是

**答案：**D

**56. 搬运剧毒化学品后，应该________。**

A. 吃东西补充体力　B. 用流动的水洗手　C. 休息

**答案：**B

**57. 关于存储化学品说法错误的是________。**

A. 遇火、遇潮容易燃烧、爆炸或产生有毒气体的化学危险品，不得在露天、潮湿、漏雨或低洼容易积水的地点存放

B. 化学危险物品应当分类、分项存放，相互之间保持安全距离

C. 受阳光照射易燃烧、易爆炸或产生有毒气体的化学危险品和桶装、罐装等易燃液体、气体应当在密闭地点存放

D. 防护和灭火方法相互抵触的化学危险品，不得在同一仓库或同一储存室存放

**答案：**C

**58. 当不慎把大量浓硫酸滴在皮肤上时，正确的处理方法是________。**

A. 不作处理，马上去医院

B. 用酒精棉球擦

C. 用碱液中和后，用水冲洗

D. 以吸水性强的纸或布吸去后，再用水冲洗

**答案：**D

**59. 关于化学品的使用、管理，下列说法哪个是错误的________。**

A. 有机溶剂可以置于普通冰箱保存

B. 打开塑料瓶的化学品时不要过于用力挤压，否则可能导致液体溢出或迸溅到身体上

C. 分清标签，认真阅读标签，按标签使用

D. 共用化学品从专用柜里取出，使用时注意保持标签的完整，用后放回专用柜

**答案：**A

**60. 化学药品库中的一般药品应如何分类________。**

A. 按有机、无机两大类，有机试剂再细分类别存放

B. 按生产日期分类

C. 随意摆放

D. 按购置日期分类

**答案：**A

**61. 领取及存放化学药品时，以下说法错误的是________。**

A. 学习并清楚化学药品危害标示和图样

B. 确认容器上标示的中文名称是否为需要的实验用药品

C. 化学药品应分类存放

D. 有机溶剂，固体化学药品，酸、碱化合物可以存放于同一药品柜中

答案：D

**62. 下列不是发生爆炸的基本因素的是________。**

A. 压力　　B. 温度　　C. 湿度　　D. 着火源

答案：C

**63. 下列描述中，能够简单辨认有味的化学药品的是________。**

A. 用舌头品尝试剂

B. 用鼻子对着瓶口去辨认气味

C. 将瓶口远离鼻子，用手在瓶口上方扇动，稍闻其味即可

答案：C

**64. 用光电池为检测器的分光光度计连续使用不应超过________h。**

A. 2　　B. 4　　C. 没时间限制

答案：A

**65. 分光光度计的比色皿盛样品液应为________。**

A. 1/2 左右　　B. 2/3 左右　　C. 装满

答案：B

**66. 甲醇的毒性级别是________。**

A. 中等毒性　　B. 高毒　　C. 低毒　　D. 微毒

答案：C

**67. 乙醇的毒性级别是________。**

A. 中等毒性　　B. 高毒　　C. 低毒　　D. 微毒

答案：D

**68. 分光光度计的吸光值在________范围内准确度最高。**

A. 0.6～1.0　　B. 0.0～1.0　　C. 0.2～0.7

答案：C

**69. 从安全角度考虑，设备停电必须有一个明显的________。**

A. 接地处　　B. 标示牌　　C. 断开点

答案：C

**70. 下列实验室操作及安全的叙述正确的是________。**

A. 当强碱溶液溅出时，可先用大量的水稀释后再处理

B. 嗅闻气体的气味时，应将鼻子和容器保持 20cm 以上的距离，并且不可用手挥引其气体

C. 温度计破碎流出的汞，宜洒上盐酸使反应为氯化汞后再弃之

D. 实验后所取用剩余的药品应小心倒回原容器，以免浪费

答案：A

**71. 大型仪器一般都使用计算机进行控制，计算机与仪器之间的数据传输线一般在何种情况下进行装卸________。**

A. 在仪器及计算机电源关闭的情况下装卸数据传输线

B. 任意时刻，想何时就何时装卸

C. 在仪器处于工作状态时，装卸数据传输线

D. 在计算机处于工作状态时，装卸数据传输线

答案：A

**72. 关于在实验室做实验，下列做法错误的是________。**

A. 手上有伤口时，可以申请停做生物解剖实验

B. 为了熟悉实验室环境，随意翻动实验室内物品

C. 实验的过程中使用火炉等设备时，保证有人看守

D. 进入实验室时，更换规定的实验服

答案：B

**73. 下列关于实验室用电的注意事项描述中，不正确的是________。**

A. 工作人员离开实验室或遇突然断电，应关闭电源，尤其要关闭加热电器的电源开关

B. 实验前先检查用电设备，再接通电源；实验结束后，先关仪器设备，再关闭电源

C. 电源或电器设备的保险丝烧断后，可以用其他金属导线代替

D. 电源开关附近不得存放易燃易爆物品或堆放杂物

答案：C

**74. 实验室电器设备所引起的火灾，应________。**

A. 用二氧化碳或干粉灭火器灭火

B. 用水灭火　　　　C. 用泡沫灭火器灭火

答案：A

**75. 诱发安全事故的原因是________。**

A. 不良的工作环境　　　　B. 设备的不安全状态和人的不安全行为

C. 管理的缺陷　　　　D. 以上都是

答案：D

**76. 在实验室中，应该放在第一位的是________。**

A. 实验安全　　B. 实验结果　　C. 实验的创新性　　D. 实验的可行性

答案：A

**77. 实验室火灾报警电铃响时，应当________。**

A. 坚持做完实验后再离开

B. 立即停止实验，按照紧急预案迅速离开实验室

C. 出去了解情况后再决定

D. 打电话求救

答案：B

**78. 下列物品不属于易燃液体的是________。**

A. 乙醚　　B. 乙醇　　C. 苯　　D. 5%稀硫酸

答案：D

**79. 严禁在实验室开展的活动有________。**

A. 烹调做饭　　B. 整理实验台　　C. 打扫卫生

答案：A

**80. 消防器材应该放在________。**

A. 明显和便于取用的位置　　　　B. 有锁的柜子里

C. 实验台里

答案：A

**81. 如果实验出现火情，要立即________。**

A. 打开实验室门，尽快疏散、撤离人员

B. 停止加热，移开可燃物，切断电源，用灭火器灭火

C. 用干毛巾覆盖上火源，使火焰熄灭

答案：B

**82. 实验大楼因出现火情发生浓烟已穿入实验室内时，以下哪种行为是正确的________。**

A. 打开实验室门后不用随手关门

B. 沿地面匍匐前进，当逃到门口时，不要站立开门

C. 从楼上向楼下外逃时可以乘电梯

答案：B

**83. 身上着火后，下列哪种灭火方法是错误的________。**

A. 用厚重衣物覆盖压灭火苗　　B. 就地打滚

C. 迎风快跑　　D. 大量水冲或跳入水中

答案：C

**84. 使用灭火器扑救火灾时要对准火焰的________部位喷射。**

A. 中部　　B. 上部　　C. 根部　　D. 中上部

答案：C

**85. 被火困在室内，如何逃生________。**

A. 到窗口或阳台挥动物品求救、用床单或绳子拴在室内牢固处下到下一层逃生

B. 跳楼

C. 躲到床下，等待救援

D. 打开门，冲出去

答案：A

**86. 在火灾初发阶段，应采取哪种方法撤离________。**

A. 用湿毛巾捂住口鼻低姿从安全通道撤离

B. 乘坐电梯

C. 跳楼逃生

D. 跑到楼顶呼救

答案：A

**87. 使用离心机时下列哪种操作是错误的________。**

A. 不需要考虑离心管的对角平衡　　B. 离心机必须盖紧盖子

C. 液体不能超过离心管 2/3　　D. 每次使用后要清洁离心机腔

答案：A

**88. 具有下列哪些性质的化学品属于化学危险品________。**

A. 易燃、腐蚀、放射性　　B. 爆炸

C. 毒害　　D. 以上都是

答案：D

**89. 节假日期间，仍然需要进入实验室工作的师生，要严格遵守实验室操作规程，做实验时必须要有人在场，并且在实验完成离开时负责________，锁好门窗，以防火灾和爆炸、溢水等事故。**

A. 关闭水源、电源、气源
B. 关闭仪器设备
C. 关闭计算机

答案：A

**90. 实验室内________。**

A. 自己随意接、拉电线
B. 使用闸刀开关、木质配电板和花线
C. 固定电源插座未经允许不得拆装、改线

答案：C

**91. 可以在化学实验室穿着的鞋是________。**

A. 高跟鞋　B. 凉鞋　C. 拖鞋　D. 球鞋

答案：D

**92. 盐酸、甲醛溶液、乙醚等易挥发试剂应如何合理存放________。**

A. 放在冰箱中
B. 和其他试剂混放
C. 分类存放在干燥通风处
D. 放在密闭的柜子中

答案：A

**93. 实验过程中发生烧烫（灼）伤，错误的处理方法是________。**

A. 以生理食盐水擦拭（勿以药膏、牙膏、酱油涂抹或以纱布盖住）
B. 浅表的小面积灼伤，以冷水冲洗 15～30min 至散热止痛
C. 若有水泡可自行刺破
D. 大面积的灼伤，应紧急送至医院

答案：C

**94. 危险化学品的毒害包括________。**

A. 急性中毒致死，器官或呼吸系统损伤，生殖细胞突变性，致癌性
B. 皮肤腐蚀性/刺激性，眼损伤/眼刺激
C. 水环境危害性，放射性危害
D. 以上都是

答案：D

**95. 实验中酸液溅入眼内，应急处理方法错误的是________。**

A. 大量水冲洗
B. 必要时去医院诊治
C. 用干净的毛巾擦拭
D. 用稀碳酸氢钠溶液洗

答案：C

**96. 因实验需要拉接电源线，下列哪种说法正确的是________。**

A. 插座不足时，可连续串接
B. 不得任意放置于通道上，以免因绝缘破损造成短路或影响通行
C. 插座不足时，可连续分接
D. 不考虑负荷容量

答案：B

**97. 引发电气火灾的初始原因是________。**

A. 带电改接电气线路
B. 电源保险丝不起作用
C. 线路或设备过电流运行
D. 没有保护性接零或接地

答案：C

**98. 电线插座损坏时，既不美观也不方便工作，并造成________。**

A. 空气开关跳闸　B. 吸潮漏电　C. 触电伤害　D. 以上都是

答案：D

**99. 由于行为人的过失引起火灾，造成严重后果，危害公共安全的行为，构成________。**

A. 失火罪　B. 纵火罪　C. 玩忽职守罪　D. 重大责任事故罪

答案：A

**100. 购买剧毒药品说法错误的是________。**

A. 经过公安局审批

B. 向学校申请并批准备案

C. 经过环保局审批

D. 通过正常渠道在指定的化学危险品商店购买

答案：C

**101. 加热和蒸馏有易燃试剂的实验时，不能用________。**

A. 明火　B. 水浴锅　C. 通风橱

答案：A

**102. 火灾蔓延的途径是________。**

A. 热对流　B. 热传导　C. 热辐射　D. 以上都是

答案：D

**103. 扑救易燃液体火灾时，应用哪种方法________。**

A. 用水泼　B. 用灭火器　C. 扑打　D. 以上都可以

答案：B

**104. 实验室安全出口的疏散门应________。**

A. 向外开启　B. 自由开启

C. 向内开启　D. 关闭，需要时可自行开启

答案：C

**105. 化学危险药品对人身会有刺激眼睛、灼伤皮肤、损伤呼吸道、麻痹神经、燃烧爆炸等危险，一定要注意化学药品的使用安全，以下不正确的做法是________。**

A. 妥善保管身边的危险化学药品，做到：标签完整，密封保存；避热、避光、远离火种

B. 了解所使用的危险化学药品的特性，不盲目操作，不违章使用

C. 室内可存放大量危险化学药品

D. 严防室内积聚高浓度易燃易爆气体

答案：C

**106. 发生触电事故的危险电压一般是________V 以上。**

A. 26　B. 24　C. 65　D. 110

答案：C

**107. 使用办公自动化设备时，应当遵守下列规定________。**

A. 使用计算机信息网络国际联网传输信息不得涉及国家秘密

B. 不得在没有保密措施的传真机、计算机上传输或者处理涉及国家秘密的信息

C. 未经原确定密级的国家机关、单位批准，不得复制国家秘密的信息；不得使用手机、无线话筒传达涉及国家秘密的信息

D. 以上都是

**答案：**D

**108. 下列粉尘中，哪种粉尘可能会发生爆炸________。**

A. 面粉　　B. 生石灰　　C. 水泥　　D. 钛白粉

**答案：**A

**109. 有人触电时，使触电人员脱离电源的错误方法是________。**

A. 抓触电人的手　　B. 借助工具使触电者脱离电源

C. 抓触电人的干燥外衣　　D. 切断电源

**答案：**A

**110. 常用于皮肤或普通实验器械的消毒液有________。**

A. 福尔马林（甲醛）　　B. 75%乙醇

C. 来苏儿（甲酚）　　D. 漂白粉（次氯酸钠）

**答案：**B

**111. 最早提出在校学生每天平均要有一小时体育锻炼的国家领导人是________。**

A. 周恩来　　B. 毛泽东　　C. 朱德　　D. 刘少奇

**答案：**B

**112. 干粉灭火器适用于________。**

A. 可燃气体起火　　B. 电器起火　　C. 有机溶剂起火　　D. 以上都是

**答案：**D

**113. 爆炸物品在发生爆炸时的特点有________。**

A. 释放出大量的热

B. 反应速度极快，通常在万分之一秒内即可完成

C. 产生大量的气体

D. 以上都是

**答案：**D

**114. 普通塑料、有机玻璃制品的加热温度不能超过________。**

A. 60℃　　B. 40℃　　C. 80℃　　D. 100℃

**答案：**A

**115. 易燃类液体的特点是________。**

A. 极易挥发成气体

B. 闪点在25℃以下的液体，闪点越低，越易燃烧

C. 遇明火即燃烧

D. 以上都是

**答案：**D

**116. 危险化学品包括哪些物质________。**

A. 易燃液体，易燃固体，自反应物质，可自燃液体，自燃自热物质，遇水放出易燃气体的物质

B. 爆炸品、易燃气体、易燃喷雾剂，氧化性气体，加压气体

C. 氧化性液体，氧化性固体，有机过氧化物，腐蚀性物质

D. 以上都是

答案：D

**117. 以下几种气体中，无毒的气体为________。**

A. 一氧化碳　　B. 氧气　　C. 硫化氢

答案：B

**118. 公共场所发生火灾时，该公共场所的现场工作人员应________。**

A. 抢救贵重物品　　B. 迅速撤离

C. 组织引导在场群众疏散

答案：C

**119. 烟头的中心温度大概是________℃。**

A. 400～500　　B. 200～300　　C. 700～800　　D. 900～1000

答案：C

**120. 化学品泄漏事故发生时，下面________做法是错误的。**

A. 进行交通管制　　B. 报警　　C. 所有人员参加事故救援

答案：C

**121. 清除工作场所散布的有害尘埃时，应使用________。**

A. 吸尘器　　B. 扫把　　C. 吹风机

答案：A

**122. 应怎样处理溅到皮肤上的腐蚀性液体________。**

A. 用大量清水冲洗　　B. 用布抹去

C. 用绷带包扎患处，请医生治疗　　D. 用医用酒精清洗

答案：A

**123. 火场逃生的原则是________。**

A. 先带上日后生活必需钱财要紧　　B. 抢救国家财产为上

C. 安全撤离、救助结合　　D. 逃命要紧

答案：C

**124. 国家对危险化学品的________。实行统一规划、合理布局和严格控制。**

A. 生产和运输　　B. 生产和使用　　C. 生产和储存　　D. 生产和经营

答案：C

**125. 以下关于用电常识说法错误的是________。**

A. 电源裸露部分应有绝缘装置

B. 不用潮湿的手接触电器

C. 如有人触电，应迅速切断电源，然后进行抢救

D. 可用试电笔去试高压电

答案：D

**126. 强碱烧伤处置方法错误的是________。**

A. 立即用1%～2%的醋酸冲洗　　B. 立即用稀盐酸冲洗

C. 立即用大量水冲洗　　D. 立即去医院处理

答案：B

**127. 下列物质中，与乙醇混溶时易发生爆炸的是________。**

A. 乙醚　　B. 高氯酸　　C. 水　　D. 丙酮

**答案：**B

**128. 灭火的四种方法是________。**

A. 扑灭法、救火法、化学法、泡沫法

B. 捂盖法、扑打法、浇水法、隔开法

C. 隔离法、窒息法、冷却法、化学抑制法

**答案：**C

**129. 对于比水轻又不溶于水的易燃和可燃液体，如苯、甲苯、汽油、轻柴油等的火灾，不可以________。**

A. 用泡沫覆盖　　B. 用水灭火

C. 用沙掩埋　　D. 用二氧化碳灭火剂

**答案：**B

**130. 实验室三废包括下列三种物质________。**

A. 废气、废屑、废有机溶剂　　B. 废气、废液、固体废物

C. 废料、废品、废气　　D. 废液、废渣、剩余药品

**答案：**B

**131. 氢气是一种易燃易爆的气体，以下说法正确的是________。**

A. 可以放在室内　　B. 氢气易扩散，所以不忌烟火

C. 只要通风好，可以放在室内　　D. 随意储存

**答案：**C

**132. 剧毒物品必须保管和储存在________，并实施双人双锁管理。**

A. 木柜子　　B. 铁皮柜

C. 带双锁的铁皮保险柜　　D. 带双锁的木柜子

**答案：**C

**133. 下面事物不会产生电磁辐射的是________。**

A. 笔记本电脑　　B. 树木　　C. 高压线　　D. 手机

**答案：**B

**134. 以下液体中，投入金属钠可能发生燃烧的是________。**

A. 苯　　B. 无水乙醇　　C. 水　　D. 汽油

**答案：**C

**135. 易燃固体火灾扑救时一般都能用水、砂土、石棉毯、泡沫、二氧化碳、干粉等灭火器材扑救，但不正确的是________。**

A. 易燃固体发生火灾时，铝粉、镁粉等着火不能用水和泡沫灭火剂扑救

B. 易燃固体燃点较低，受热、冲击、摩擦或与氧化剂接触能引起急剧及连续的燃烧或爆炸

C. 粉状固体着火时，应当用灭火剂直接强烈冲击着火点

D. 磷的化合物、硝基化合物和硫黄等易燃固体着火燃烧时产生有毒和刺激气体，扑救时人要站在上风向，以防中毒

**答案：**C

**136. 皮肤若被低温（如固体二氧化碳、液氮）冻伤，应________。**

A. 用温水慢慢恢复体温　　B. 马上送医院

C. 用火烘烤　　D. 应尽快浸入热水

答案：A

**137. 处理废弃的有害固体药品时，应________。**

A. 经处理解毒后，才可丢弃在生活垃圾处

B. 不经处理解毒后就丢弃在生活垃圾处

C. 收集起来由专业公司处理

答案：C

**138. 在易燃易爆场所不能穿________。**

A. 胶鞋　　B. 布鞋　　C. 带钉鞋

答案：C

**139. 有毒化学品可以通过皮肤、消化道及呼吸系统等三种主要方式对人体健康产生危害，下列防护措施中不正确的是________。**

A. 实验过程中移取强酸、强碱溶液应戴防酸碱手套

B. 实验过程中使用三氯甲烷时戴防尘口罩

C. 实验场所严禁携带食物；禁止用饮料瓶装化学药品，防止误食

D. 称取粉末状的药品时，要戴过滤式防尘口罩防止吸入

答案：B

**140. 打开腐蚀性液体瓶盖，应该________。**

A. 用毛巾包住塞子　　B. 直接用手　　C. 戴橡胶手套

答案：C

**141. 氮氧化物气体主要伤害人体的________。**

A. 呼吸道深部的细支气管、肺泡

B. 眼　　C. 皮肤

答案：A

**142. 当有汞（水银）撒落时，现场应________。**

A. 用拖把拖　　B. 用水擦　　C. 扫干净后倒入垃圾桶

D. 将撒落的水银收集至密封容器中，加水或甘油液封，地面或桌面再用硫黄粉覆盖，收集后统一处理

答案：D

**143. 室温较高时，开启易挥发溶剂瓶盖时，应先________。**

A. 振荡一段时间　　B. 先将试剂瓶在热水中浸泡一段时间

C. 先将试剂瓶在冷水中浸泡一段时间

答案：C

**144. 普通玻璃制品的加热温度不能超过________。**

A. 250℃　　B. 180℃　　C. 140℃

答案：B

**145. 配制稀硫酸时，应________。**

A. 将浓硫酸慢慢分批加入水中，并不时搅拌

B. 将水慢慢分批倒入酸中，并不时搅拌

C. 将水和浓硫酸同时倒入容器中，并不时搅拌

D. 将浓硫酸快速加入水中，并迅速搅拌

答案：A

## 二、多选题

**1. 实验室发生紧急事故时，正确的应对策略是________。**

A. 发生大的突发事故后，人身安全才是最重要的，事故现场人员首先应尽快有序地从安全通道撤离，等事故得到控制之后再回来处理其他事情

B. 听从指挥

C. 发生小型着火事故，应防止火势蔓延（采取切断电源、移走易燃物品、灭火等措施）

D. 如被困室内（电梯内），应设法呼救

**答案**：A，B，C，D

**2. 对实验室安全的要求，下列正确的是________。**

A. 进入实验室工作的人员均要参加实验室的安全培训

B. 下班离室前，应切断或关闭水、电、煤气及其他可燃气体阀门，并关好门窗

C. 产生的废弃物要分类，并按规定分别进行处理

D. 有危险性的场所、设备、设施、物品及技术操作要有警示标识

**答案**：A，B，C，D

**3. 进入实验室工作前，要了解________，发生意外时能做好相应的自救工作。**

A. 安全出口的位置　　B. 易燃、易爆物品的位置

C. 急救药箱的位置

**答案**：A，B，C

**4. 取用化学药品时，以下哪些操作事项是正确的________。**

A. 取用腐蚀和刺激性药品时，尽可能戴上橡胶手套和防护眼镜

B. 倾倒时，切勿直对容器口俯视；吸取时，应该使用橡胶球

C. 开启有毒气体容器时应戴防毒用具

D. 可以裸手直接拿取药品

**答案**：A，B，C

**5. 下列描述中属于诱发安全事故原因的是________。**

A. 设备的不安全状态　　B. 人的不安全行为

C. 不良的工作环境　　D. 管理的缺陷

**答案**：A，B，C，D

**6. 为防止电气火灾的发生，应避免哪些操作________。**

A. 随意改动供电设备线路

B. 随意改动供电设备线路，乱拉临时线

C. 使用电气设备无人看守、通电空运行

D. 电气设备与易燃易爆物品一起堆放

**答案**：A，B，C，D

**7. 领取及存放化学药品时，需要做的事情有________。**

A. 确认容器上标示的中文名称是否为需要的实验用药品

B. 学习并清楚化学药品危害标示和图样

C. 化学药品应分类存放

D. 有机溶剂，固体化学药品，酸、碱化合物可以存放于同一药品柜中

答案：A，B，C

**8. 身上着火怎么办________。**

A. 就地打滚　　B. 尽快撕脱衣服

C. 向身上泼水或用厚棉衣往身上盖　　D. 迎风快跑

答案：A，B，C

**9. 实验过程产生的剧毒药品废液必须________。**

A. 妥善保管　　B. 不得随意丢弃、掩埋

C. 集中保存，统一处理　　D. 稀释后用大量水冲净

答案：A，B，C

**10. 学生在使用剧毒物品时，必须由________在场指导。**

A. 教师　　B. 临时工　　C. 实验室工作人员　　D. 其他人员

答案：A，C

**11. 被火困在室内怎么办________。**

A. 跳楼

B. 到窗口或阳台挥动物品求救

C. 躲到床下

D. 用床单或绳子拴在室内牢固处下到下一层逃生

答案：B，D

**12. 如果不慎发生割伤事故应如何处理________。**

A. 先将伤口处的玻璃碎片取出

B. 若伤口不大，用蒸馏水洗净伤口，再涂上红药水，撒上止血粉用纱布包扎好

C. 伤口较大或割破了主血管，则应用力按住主血管，防止大出血

D. 及时送医院治疗

答案：A，B，C，D

**13. 实验室发生火灾后，正确的做法有________。**

A. 逃离火场的路线上遇有浓烟烈火时，把自己的衣服淋湿，再找一块湿毛巾捂住口鼻

B. 在有浓烟的情况下，采用低姿势撤离，视线不清时，手摸墙壁徐徐撤离

C. 楼道内烟雾过浓，无法冲出时，应利用窗户阳台逃生，拴上安全绳逃生

D. 如所有通道都已不通，应躲在有水源之处等待救援，高层切不可盲目跳楼

答案：A，B，C，D

**14. 化学中毒主要是由哪些原因引起________。**

A. 由呼吸道吸入有毒物质的蒸气

B. 通过皮肤吸收进入人体

C. 品尝或误食有毒药品

D. 食入被有毒物质污染的食物和饮料

答案：A，B，C，D

**15. 化学事故现场应急措施有哪些________。**

A. 向侧风或侧上风方向迅速撤离

B. 离开毒区后脱去污染衣物并及时清洗消毒

C. 必要时到医疗部门检查或诊治

**答案：**A，B，C

**16. 有毒化学品对人体的危害途径有哪些________。**

A. 呼吸道　　B. 消化道　　C. 皮肤

**答案：**A，B，C

**17. 在使用一种不了解的化学药品前应做好的准备有________。**

A. 明确这种药品在实验中的作用，掌握这种药品的物理性质（如熔点、沸点、密度等）和化学性质

B. 了解这种药品的毒性

C. 了解这种药品对人体的侵入途径和危险特性

D. 了解中毒后的急救措施

**答案：**A，B，C，D

**18. 火灾蔓延的途径有哪些________。**

A. 热传导　　B. 热对流　　C. 热辐射

**答案：**A，B，C

**19. 下列粉尘中，哪些粉尘可能会发生爆炸________。**

A. 生石灰　　B. 面粉　　C. 煤粉　　D. 铝粉

**答案：**B，C，D

**20. 实验室逃生计划应怎么做________。**

A. 应先熟悉所住楼层的各逃生路线，并随时做好迅速撤离的准备

B. 应预先模拟火灾一旦发生时，应循什么途径逃生

C. 应熟悉楼层内的消防设备及其使用方法

**答案：**A，B，C

**21. 火灾事故分为哪些等级________。**

A. 一般火灾　　B. 较大火灾　　C. 重大火灾　　D. 特别重大火灾

**答案：**A，B，C，D

**22. 常用危险化学品按其主要危险特性分为几大类，其中包括以下________类。**

A. 爆炸品　　B. 压缩气体和液化气体

C. 易燃液体和易燃固体　　D. 有毒品和腐蚀品

**答案：**A，B，C，D

**23. 下列哪种灭火器适于扑灭电气火灾________。**

A. 二氧化碳灭火器　　B. 干粉灭火器　　C. 泡沫灭火器

**答案：**A，B

**24. 遭遇火灾脱险的不正确的方法是________。**

A. 在平房内关闭门窗，隔断火路，等待救援

B. 使用电梯快速脱离火场

C. 利用绳索等，顺绳索滑落到地面

D. 必须跳楼时要尽量缩小高度，做到双脚先落地

答案：A，B

**25. 用手提式灭火器灭火的正确方法是________。**

A. 拔去保险插销　　B. 一手紧握灭火器喷嘴

C. 一手提灭火器并下压压把　　D. 对准火焰猛烈部位喷射

答案：A，B，C

**26. 压力表的检定是怎样规定的________。**

A. 由于科学技术的高速发展和制造技术的精良，压力表的质量越来越好，完全可以不必经过检定而直接投入使用

B. 新安装的压力容器，在投入使用前必须先检定压力表，否则不能投入使用

C. 压力表至少每半年检定一次

D. 不得使用未经检定的压力表

答案：B，C，D

**27. 摩擦是产生静电的一种主要原因，尤其在干燥的环境中，人体的活动和物体的移动都会产生很强的静电。静电在突然释放的时候会对人体或设备造成损伤。请从下列选项中选择防止静电事故的主要办法________。**

A. 人体接触对静电敏感设备时提前释放自己身体中积累的电荷，例如戴静电防护手环、使用静电防护毯

B. 在重要场合铺设防静电地板

C. 增加空气中的湿度，降低静电产生的条件

D. 用电设备都良好接地

答案：A，B，C

**28. 剧毒类化学试剂应如何存放________。**

A. 应锁在专门的毒品柜中

B. 应存于实验台下柜中

C. 置于阴凉干燥处，并与酸类试剂隔离

D. 建立双人登记签字领用制度，建立使用、消耗、废物处理等制度

答案：A，C，D

**29. 实验中遇到烫伤应如何处理________。**

A. 伤处不能用手抚摸，也不能用水洗涤

B. 不作处理，直接就医

C. 轻伤可以涂紫药水、红药水、碘酒等

D. 必要时可用消炎药粉涂抹，用绷带包扎

答案：C，D

**30. 以下哪些原因引起电气设备火灾________。**

A. 短路　　B. 过负荷　　C. 接触电阻热　　D. 电火花和电弧

答案：A，B，C，D

**31. 学校危险化学品库房内敷设的配电线路________。**

A. 可以不穿管敷设　　B. 应穿一般塑料管保护

C. 必须穿金属管　　D. 必须穿难燃塑料管保护

答案：C，D

**32. 燃烧三要素是________。**

A. 可燃物质　　B. 火源　　C. 助燃物质　　D. 温度

答案：A，B，C

**33. 关于化学品的使用、管理，下列说法哪个是正确的________。**

A. 打开塑料瓶的化学品时不要过于用力挤压，否则可能导致液体溢出或迸溅到身体上

B. 有机溶剂可以置于普通冰箱保存

C. 分清标签，认真阅读标签，按标签使用

D. 共用化学品从专用柜里取出，使用时注意保持标签的完整，用后放回专用柜

答案：A，C，D

**34. 属于着火源的是________。**

A. 明火　　B. 高温物体　　C. 太阳辐射

答案：A，B，C

**35. 实验中酸液溅入眼内，应如何做应急处理________。**

A. 用干净的毛巾擦拭　　B. 用大量水冲洗

C. 必要时去医院诊治　　D. 用稀碳酸氢钠溶液洗

答案：B，C，D

**36. 下列实验操作中，说法错误的是________。**

A. 可以对容量瓶、量筒等容器加热

B. 在通风橱操作时，可将头伸入通风柜内观察

C. 非一次性防护手套脱下前必须冲洗干净，而一次性手套时须从后向前把里面翻出来脱下后再扔掉

D. 可以抓住塑料瓶子或玻璃瓶子的盖子搬运瓶子

答案：A，B，D

**37. 扑救烟灰缸里的杂物、废纸篓里的废纸片等初起小火时，正确的做法是________。**

A. 用水或灭火器扑灭　　B. 用手拍灭　　C. 用湿毛巾覆盖

答案：A，C

**38. 停电时________。**

A. 要尽可能用应急照明灯照明

B. 要及时切断处于使用状态的电器电源，即关闭电源开关或拔掉插头

C. 可以用汽油代替煤油或柴油做燃料使用

答案：A，B

**39. 烟气有哪些危害性________。**

A. 毒性　　B. 高温　　C. 遮光　　D. 窒息性

答案：A，B，C，D

**40. 电气火灾的火源主要有哪些形式，请从下列选项中选择________。**

A. 电火花　　B. 可燃性气体（如天然气、煤气等）

C. 可燃性液体（如汽油、煤油等）　　D. 电热高温

答案：A，D

**41. 防火防爆的一般原则有________。**

A. 遵守规章制度，加强安全意识

B. 熟悉实验室容易引起火灾、爆炸的特点，配备合适的防火防爆设施

C. 减少和消除可燃物质，控制或取消点火源

答案：A，B，C

**42. 溶剂溅出并燃烧应如何处理________。**

A. 马上使用灭火器灭火

B. 马上向燃烧处盖砂子或浇水

C. 尽快移去临近其他溶剂，关闭热源和电源，再灭火

D. 马上用石棉布盖住燃烧处

答案：C，D

**43. 不慎发生意外，下列哪个操作是错误的________。**

A. 如果不慎将化学品弄洒或污染，立即自行回收或者清理现场，以免对他人产生危险

B. 任何时候见到他人洒落的液体应及时用抹布抹去，以免发生危险

C. pH 值中性即意味着液体是水，自行清理即可

D. 不慎将化学试剂弄到衣物和身体上，立即用大量清水冲洗 10～15min

答案：A，B，C

**44. 火灾事故单位在火灾扑灭后，为隐瞒、掩饰起火原因、推卸责任，故意破坏现场或者伪造现场，尚不构成犯罪。对直接负责的主管人员，可以________。**

A. 处以罚款　　B. 给予警告

C. 依法追究刑事责任　　D. 处 15 日以下拘留

答案：A，B，D

**45. 火灾预防的基本措施包括________。**

A. 控制可燃物　　B. 隔绝助燃物　　C. 消除着火源

答案：A，B，C

**46. 遭遇火险正确脱险方法有下面的哪几条________。**

A. 用湿毛巾掩住口鼻，从安全通道匍匐前进

B. 披上浸湿的衣物，向安全出口方向逃生

C. 用床单、衣服等自制简易救生绳从楼上小心滑下

D. 身上着火，可就地打滚或用厚重的衣物压灭火苗

答案：A，B，C，D

**47. 实验过程中发生烧烫（灼）伤，正确的处理方法是________。**

A. 浅表的小面积灼伤，以冷水冲洗 15～30min 至散热止痛

B. 以生理食盐水擦拭（勿以药膏、牙膏、酱油涂抹或以纱布盖住）

C. 若有水泡可自行刺破

D. 大面积的灼伤，应紧急送至医院

答案：A，B，D

**48. 进入公共场所，应注意细心观察场所的疏散情况，记住以下哪些细节以利于发生火灾情况下紧急疏散________。**

A. 进出口位置　　B. 安全出口位置

C. 疏散通道楼梯的方位　　D. 电梯的位置

答案：A，B，C

**49. 学校应当加强对学生的消防宣传教育，提高学生的消防安全意识和自防自救能力，做到三会，即________。**

A. 会报火警　　B. 会扑救初起火灾

C. 会自救逃生　　D. 会开展防火检查

答案：A，B，C

**50. 火场逃生的方法有________。**

A. 用手巾、手帕捂鼻护嘴　　B. 乘坐普通电梯逃生

C. 寻找避难处所　　D. 利用疏散通道逃生

答案：A，C，D

**51. 使用易燃易爆的化学药品，正确的操作是________。**

A. 可以用明火加热　　B. 在通风橱中进行操作

C. 不可猛烈撞击　　D. 加热时使用水浴或油浴

答案：B，C，D

**52. 被困在火场时，下列求救方法正确的是________。**

A. 在窗口、阳台或屋顶处向外大声呼叫

B. 白天可挥动鲜艳布条发出求救信号，晚上可挥动手电筒

C. 大声哭泣

答案：A，B

**53. 机关、团体、企业、事业单位属于消防安全重点单位的，除应履行通用的消防职责外，还应该________。**

A. 建立防火档案，确定消防安全重点部位，设置防火标志，实行严格管理

B. 实行每日防火巡查，并建立巡查记录

C. 对职工进行消防安全教育

D. 制定灭火和应急疏散预案，定期组织消防演练

答案：A，B，C，D

**54. 电器设备或带电系统着火，可用以下哪些方式灭火________。**

A. 二氧化碳灭火器　　B. 四氯化碳灭火器

C. 泡沫灭火器　　D. 干粉灭火器

答案：A，B，D

**55. 根据公安部《机关、团体、企业、事业单位消防安全管理规定》，单位的消防安全负责人应当履行________的消防安全职责。**

A. 贯彻执行消防法规，保障单位消防安全符合规定，掌握本单位的消防安全情况

B. 确定逐级消防安全责任，批准实施消防安全制度和保障消防安全的操作规程

C. 组织防火检查，督促落实火灾隐患整改，及时处理涉及消防安全的重大问题

D. 组织制定符合本单位实际的灭火和应急散预案，并实施演练

答案：A，B，C，D

**56. 安全阀的校验是怎样规定的________。**

A. 由于科学技术的高速发展，安全阀不必校验即可长期使用

B. 新安装的压力容器，在投入使用前必须先校验安全阀，否则不能投入使用

C. 安全阀至少每年校验一次

D. 不得使用未经校验的安全阀

答案：B，C，D

57. 危险化学品的毒害包括________。

A. 皮肤腐蚀性/刺激性，眼损伤/眼刺激

B. 急性中毒致死，器官或呼吸系统损伤，生殖细胞突变性，致癌性

C. 水环境危害性，放射性危害

答案：A，B，C

58. 学生宿舍火灾有以下哪几个特点________。

A. 火势蔓延快　B. 学生数量大，疏散用时长

C. 被困学生逃生困难　D. 消防灭火困难

答案：A，B，C，D

59. 用酒精灯时，以下哪种操作正确________。

A. 点火时要用火柴点　B. 点火时用另一个点着的灯去点

C. 灭灯时可用嘴去吹　D. 灭灯时要用灯帽盖灭

答案：A，D

60. 常用的灭火方法有________。

A. 隔离灭火法　B. 冷却灭火法　C. 窒息灭火法　D. 抑制灭火法

答案：A，B，C，D

61. 不可以在化学实验室穿着的鞋是________。

A. 凉鞋　B. 高跟鞋　C. 拖鞋　D. 球鞋

答案：A，B，C

62. 强酸灼伤皮肤可以用________冲洗。

A. 热水　B. 冷水　C. 弱碱溶液

答案：B，C

63. 下列实验室操作及安全的叙述哪个是错误的________。

A. 嗅闻气体的气味时，应将鼻子和容器保持 20cm 以上的距离，并且不可用手挥引其气体

B. 当强碱溶液溅出时，可先用大量的水稀释后再处理

C. 温度计破碎流出的汞，宜洒上盐酸使反应为氯化汞后再弃之

D. 实验后所取用剩余的药品应小心倒回原容器，以免浪费

答案：A，C，D

64. 压力容器及压力管道最常用的安全附件是________。

A. 安全阀　B. 压力表　C. 阀门

答案：A，B

65. 配制液体时，下列哪个陈述是错误的________。

A. 稀释强酸时，必须将酸倒入水中，禁止将水倒入酸中；稀释弱酸时将水倒入酸中也可以

B. 将盛有自配液体的容器做好标记，必须包括成分、浓度、姓名、联系方式、日期等

C. 使用移液管和量筒分别计量，进行配置溶液

答案：A，C

**66. 灭火器出现下列________情形，必须报废。**

A. 筒体严重锈蚀的　　B. 筒体严重变形的

C. 被火烧过的　　D. 无生产厂名称和出厂年月的

答案：A，B，C，D

**67. 分光光度计使用注意事项是________。**

A. 使用光电池作为检测器的仪器连续使用不应超过 2h，每次使用后需要间歇 30min 以上

B. 每台仪器所配备的比色皿其透射比是经过配对的，必须配套使用。不能与其他仪器上的比色皿单个调换，否则影响样品测试精度

C. 测定过程中，不得用手触摸比色皿透光面。其透光面的清洁不可用滤纸、纱布或毛刷擦拭，只能用镜头纸擦拭

D. 分光光度计的吸光值在 0.2～0.7（透光率在 20%～60%）准确度最高，低于 0.1 或超 1.0 时误差较大。如未知样品的读数不在此范围时，应将样品做适当稀释

答案：A，B，C，D

**68. 实验室人员发生触电时，下列哪种行为是正确的________。**

A. 应迅速切断电源，将触电者上衣解开，取出口中异物，然后进行人工呼吸

B. 应迅速注射兴奋剂

C. 当患者伤势严重时，应立即送医院抢救

答案：A，C

**69. 下列选项中属于防爆措施的是________。**

A. 防止形成爆炸性混合物的化学品泄漏

B. 控制可燃物形成爆炸性混合物

C. 消除火源，安装检测和报警装置

答案：A，B，C

**70. 在实验室区域内，不可以________。**

A. 吸烟、烹饪、用膳　　B. 睡觉过夜和进行娱乐活动

C. 做与学习、工作有关的事情

答案：A，B

**71. 具有下列哪些性质的化学品属于化学危险品________。**

A. 爆炸　　B. 易燃、腐蚀、放射性

C. 毒害　　D. 腐蚀

答案：A，B，C，D

**72. 以下哪项属于死亡的特征________。**

A. 呼之不应　　B. 呼吸停止

C. 心跳停止　　D. 双侧瞳孔散大固定

答案：B，C，D

**73. 电线插座损坏时，既不美观也不方便工作，并造成________。**

A. 吸潮漏电　　B. 空气开关跳闸　　C. 触电伤害

答案：A，B，C

**74. 下列哪项是影响混合物爆炸极限的因素________。**

A. 混合物的温度、压力　　B. 混合物的多少

C. 混合物的含氧量

答案：A，C

**75. 以下有关实验室用电的注意事项中，正确的是________。**

A. 实验前先检查用电设备，再接通电源；实验结束后，先关仪器设备，再关闭电源

B. 工作人员离开实验室或遇突然断电，应关闭电源，尤其要关闭加热电器的电源开关

C. 电源或电器设备的保险丝烧断后，可以用其他金属导线代替

D. 不得将供电线任意放在通道上，以免因绝缘破损造成短路

答案：A，B，D

**76. 因实验需要拉接电源线，下列哪种说法不正确的是________。**

A. 不得任意放置于通道上，以免因绝缘破损造成短路或影响通行

B. 插座不足时，可连续串接

C. 插座不足时，可连续分接

D. 不考虑负荷容量

答案：B，C，D

**77. 实验开始前应该做好哪些准备________。**

A. 必须认真预习，理清实验思路

B. 应仔细检查仪器是否有破损，掌握正确使用仪器的要点，弄清水、电、气的管线开关和标记，保持清醒头脑，避免违规操作

C. 了解实验中使用的药品的性能和有可能引起的危害及相应的注意事项

答案：A，B，C

**78. 化学危险药品对人身会有刺激眼睛、灼伤皮肤、损伤呼吸道、麻痹神经、燃烧爆炸等危险，一定要注意化学药品的使用安全，以下正确的做法是________。**

A. 了解所使用的危险化学药品的特性，不盲目操作，不违章使用

B. 妥善保管身边的危险化学药品，做到：标签完整，密封保存；避热、避光、远离火种

C. 室内可存放大量危险化学药品

D. 严防室内积聚高浓度易燃易爆气体

答案：A，B，D

**79. 在使用化学药品前应做好的准备有________。**

A. 明确药品在实验中的作用

B. 了解药品对人体的侵入途径和危险特性

C. 了解药品的毒性

D. 了解中毒后的急救措施

答案：A，B，C，D

**80. 剧毒物品保管人员应做到________。**

A. 日清月结　　B. 账物相符　　C. 手续齐全

答案：A，B，C

**81. 易燃化学试剂存放和使用的注意事项正确是________。**

A. 要求单独存放于阴凉通风处　　B. 放在冰箱中时，要使用防爆冰箱

C. 远离火源　　D. 绝对不能使用明火加热

**答案：** A，B，C，D

**82. 关于存放自燃性试剂说法正确的是________。**

A. 单独储存　　B. 储存于通风、阴凉、干燥处

C. 存放于试剂架上　　D. 远离明火及热源，防止太阳直射

**答案：** A，B，D

**83. 爆炸物品在发生爆炸时的特点有________。**

A. 反应速度极快，通常在万分之一秒内即可完成

B. 释放出大量的热　　C. 产生大量的气体

**答案：** A，B，C

**84. 使用离心机时下列哪种操作是正确的________。**

A. 离心机必须盖紧盖子　　B. 不需要考虑离心管的对角平衡

C. 液体不能超过离心管 2/3　　D. 每次使用后要清洁离心机腔

**答案：** A，C，D

**85. 对实验室安全检查的重点是________。**

A. 可燃易燃性、可传染性、放射性物质、有毒物质的使用和存放

B. 清除污染和废弃物处置情况

C. 规章制度的建立和执行情况

**答案：** A，B，C

**86. 在使用设备时，如果发现设备工作异常，下列错误的是________。**

A. 停机并报告相关负责人员　　B. 关机走人

C. 继续使用，注意观察　　D. 停机自行维修

**答案：** B，C，D

**87. 在实验中，以下哪种做法是正确的________。**

A. 一旦浓硫酸落在人体身上时，用 4.5％乙酸或 1.5％左右的盐酸中和洗涤

B. 一旦浓硫酸落在人体身上时，以弱碱（2％碳酸钠）或肥皂液中和洗涤

C. 一旦碱液落在皮肤上时，用 4.5％乙酸或 1.5％左右的盐酸中和洗涤

**答案：** B，C

**88. 进行危险物质、挥发性有机溶剂、特定化学物质或毒性化学物质等操作实验或研究，说法正确的是________。**

A. 必须戴防护口罩　　B. 必须戴防护手套

C. 必须戴防护眼镜　　D. 无所谓

**答案：** A，B，C

**89. 把玻璃管或温度计插入橡胶塞或软木塞时，常常会折断而使人受伤。下列正确的操作方法是________。**

A. 可在玻璃管上沾些水或涂上甘油等作润滑剂，一手拿着塞子，一手拿着玻璃管一端（两只手尽量靠近），边旋转边慢慢地把玻璃管插入塞子中

B. 橡胶塞等钻孔时，打出的孔比管径略小，可用圆锉把孔锉一下，适当扩大孔径

C. 无需润滑，且操作时与双手距离无关

**答案：** A，B

**90. 实验中用到很多玻璃器皿，容易破碎，为避免造成割伤应该注意________。**

A. 装配时不可用力过猛，用力处不可远离连接部位

B. 不能口径不合而勉强连接

C. 玻璃折断面需烧圆滑，不能有棱角

答案：A，B，C

**91. 简单辨认有味的化学药品错误的方法是________。**

A. 用鼻子对着瓶口去辨认气味

B. 用舌头品尝试剂

C. 将瓶口远离鼻子，用手在瓶口上方扇动，稍闻其味即可

D. 取出一点，用鼻子对着闻

答案：A，B，D

**92. 处理使用后的废液时，下列哪个说法是正确的________。**

A. 不明的废液不可混合收集存放

B. 废液不可任意处理

C. 禁止将水以外的任何物质倒入下水道，以免造成环境污染和处理人员危险

D. 少量废液用水稀释后，可直接倒入下水道

答案：A，B，C

**93. 处置实验过程产生的剧毒药品废液，说法正确的是________。**

A. 妥善保管　　B. 不得随意丢弃、掩埋

C. 集中保存，统一处理　　D. 稀释后用大量水冲净

答案：A，B，C

**94. 化学品的毒性可以通过皮肤吸收、消化道吸收及呼吸道吸收等三种方式对人体健康产生危害，下列正确的预防措施是________。**

A. 实验过程中使用三氯甲烷时戴防尘口罩

B. 实验过程中移取强酸、强碱溶液应戴防酸碱手套

C. 实验场所严禁携带食物；禁止用饮料瓶装化学药品，防止误食

D. 称取粉末状的有毒药品时，要戴口罩防止吸入

答案：B，C，D

**95. 当不慎把大量浓硫酸滴在皮肤上时，不正确的处理方法是________。**

A. 用酒精棉球擦

B. 不作处理，马上去医院

C. 用碱液中和后，用水冲洗

D. 以吸水性强的纸或布吸去后，再用水冲

答案：A，B，C

**96. 实验人员都要注意防止被实验设备产生的 X 射线照射，下列不能产生 X 射线的仪器是________。**

A. X 射线衍射仪　　B. 721 分光光度计

C. 液相色谱　　D. 气相色谱

答案：B，C，D

**97. 下列说法正确的是________。**

A. 丙酮、乙醇都有较强的挥发性和易燃性，二者都不能在任何有明火的地方使用

B. 丙酮会对肝脏和大脑造成损害，因此避免吸入丙酮气体

C. 强酸强碱等不能与身体接触

D. 弱酸弱碱在使用中可以与身体接触

答案：A，B，C

**98. 实验室常用于皮肤或普通实验器械的消毒液有________。**

A. 0.2%～1%漂白粉溶液　　B. 70%乙醇

C. 2%碘酊　　D. 0.2%～0.5%的洗必泰

答案：B，C，D

**99. 下列物质有毒的是________。**

A. 乙二醇　　B. 硫化氢　　C. 乙醇　　D. 甲醛

答案：A，C，D

**100. 以下几种气体中，无毒的气体为________。**

A. 氧气　　B. 氮气　　C. 氯气　　D. 二氧化碳

答案：A，B，D

**101. 苯属于高毒类化学品，下列叙述正确的是________。**

A. 短期接触，苯对中枢神经系统产生麻痹作用，引起急性中毒

B. 长期接触，苯会对血液造成极大伤害，引起慢性中毒

C. 对皮肤、黏膜有刺激作用，是致癌物质

答案：A，B，C

**102. 使用移液管时下列哪种操作是错误的________。**

A. 可以用移液管反复吸入和抽出传染性物质

B. 一根移液管未经清洗，可吸取多种溶液

C. 可以将任何传染性物质的液体吹入空气

D. 无洗耳球时，不可用口吹吸移液管

答案：A，B，C

**103. 喷雾消毒法是采用各种化学消毒药物形成的气溶胶对空气和物体表面进行消毒，能用作喷雾消毒的药物是________。**

A. 2%戊二醛　　B. 75%酒精溶液　　C. 漂白粉溶液　　D. 甲醛

答案：A，B，C

**104. 如果在试验过程中，闻到烧焦的气味下列行为错误的是________。**

A. 关机走人　　B. 打开通风装置通风

C. 立即关机并报告相关负责人员　　D. 请同实验的人帮忙检查

答案：A，B，D

**105. 影响电流对人体伤害程度的主要因素是________。**

A. 电流的大小　　B. 触电电流经人体的途径

C. 电流的频率、人体电阻

答案：A，B，C

**106. 使用易燃易爆的化学药品应该注意________。**

A. 避免明火加热　　B. 加热时使用水浴或油浴

C. 在通风橱中进行操作　　　　　　　　　　D. 不可猛烈撞击

答案：A，B，C，D

**107. 为避免误食有毒的化学药品，应注意做到________。**

A. 不准把食物、食具带进实验室

B. 在实验室内只能吃口香糖

C. 使用化学药品后须先洗净双手方能进食

D. 实验室内禁止吸烟

答案：A，C，D

**108. 从化学试剂瓶中向烧杯等容器中倒液体时，下列陈述正确的是________。**

A. 为了防止液体滴落到桌面，要用瓶子嘴压住烧杯边缘

B. 倾倒液体时，眼睛远离瓶子

C. 必须使用滤纸、超净间专用绵纸等擦干瓶子外流下的液滴，但是不能盖紧瓶盖后在龙头下冲洗

D. 通常情况下，禁止使用吸管从试剂瓶中向外取液体，这会导致整瓶液体被污染。应先将适量的液体倒入烧杯，再使用吸管

答案：B，D

**109. 高温实验装置使用时，应注意的事项是________。**

A. 注意防护高温对人体的辐射

B. 熟悉高温装置的使用方法，并细心地进行操作

C. 不得已非要将高温炉之类高温装置置于耐热性差的实验台上进行实验时，装置与台面之间要保留 1cm 以上的间隙，并加垫隔热层，以防台面着火

D. 使用高温装置的实验，要求在防火建筑内或配备有防火设施的室内进行，并保持室内通风良好

答案：A，B，C，D

**110. 往玻璃管上套橡胶管（塞）时，应注意做到________。**

A. 管端应烧圆滑

B. 用水或甘油浸湿橡胶管（塞）内部

C. 用布裹手或戴厚手套，以防割伤手

D. 尽量不要使用薄壁玻璃管

答案：A，B，C

**111. 干粉灭火器适用于________。**

A. 电器起火　　　B. 可燃气体起火　　　C. 有机溶剂起火

答案：A，B，C

**112. 下列物品属于危险化学品的是________。**

A. 易燃液体　　　　　　　　　　B. 氧化剂和有机过氧化物

C. 汽油　　　　　　　　　　　　D. 放射性物品

答案：A，B，C，D

**113. 购买剧毒药品时，必须________。**

A. 向单位申请并批准备案

B. 经过公安局审批

C. 通过正常渠道在指定的化学危险品商店购买

答案：A，B，C

**114. 关于易燃液体的安全标志，下列描述中正确的是________。**

A. 底色为粉红色　　B. 底色为红色

C. 图形为火焰（黑色）　　D. 文字为黑色

答案：B，C，D

**115. 水不能扑救的火灾有________。**

A. 金属　　B. 碱金属氢化物

C. 不溶于水的易燃液体　　D. 高压电气装置火灾

答案：A，B，C，D

**116. 关于氮气瓶的使用，下列说法正确的是________。**

A. 氮气瓶的存放应远离火种、热源

B. 发生火灾时，应尽可能将气瓶从火场移至空旷处

C. 气瓶发生泄漏时，应迅速撤离泄漏污染区人员至安全区

D. 处理氮气泄漏时，由于氮气无毒、不燃，不需要注意现场通风

答案：A，B，C

**117. 危险化学药品会对人体造成伤害，使用和保存时应注意________。**

A. 了解所使用的危险化学药品的特性，不盲目操作，不违章使用

B. 妥善保管身边的危险化学药品，做到标签完整，密封保存；避热、避光、远离热源

C. 办公室内不要存放危险化学药品

D. 室内应保持良好通风

答案：A，B，C，D

**118. 有关气体钢瓶的正确使用和操作，以下说法中正确的是________。**

A. 不可把气瓶内气体用光，以防重新充气时发生危险

B. 各种压力表可通用

C. 可燃性气瓶（如 $H_2$、$C_2H_2$）应与氧气瓶分开存放

D. 检查减压阀是否关紧，方法是逆时针旋转调压手柄至螺杆松动为止

答案：A，C，D

**119. 发现燃气泄漏，错误的做法是________。**

A. 触动电器开关或拨打电话　　B. 使用明火

C. 迅速关阀门，打开门窗

答案：A，B

**120. 以下药品中，不宜与水直接接触的是________。**

A. 金属钠、钾　　B. 电石　　C. 白磷　　D. 金属氢化物

答案：A，B，D

**121. 一般将闪点在 25℃ 以下的化学试剂列入易燃化学试剂，它们多是极易挥发的液体。下列物质中属于易燃化学试剂的是________。**

A. 乙醚　　B. 苯　　C. 水　　D. 汽油

答案：A，B，D

**122. 处理酸灼伤的操作有________。**

A. 严重时消毒，擦干后涂烫伤膏 B. 立即用大量水洗

C. 以 1%～2%$NaHCO_3$ 溶液洗

答案：A，B，C

**123. 稀释浓硫酸时，正确的操作是________。**

A. 稀释浓酸时，应将酸慢慢注入水中

B. 边倒边搅拌，温度过高时应等冷却或降温后再继续进行

C. 稀释少量浓硫酸时，可以将水倒入浓硫酸中

D. 若有酸溅到身上应先用棉布吸取浓硫酸，再用大量温清水冲洗

答案：A，B，D

**124. 化学事故的防护方法________。**

A. 穿防毒衣，戴防护手套，穿雨衣、雨鞋等

B. 戴防毒面具、防毒口罩和捂湿毛巾等

C. 对有毒的衣物及时进行洗涤消毒处理

D. 戴防毒眼镜、防护镜等

答案：A，B，C，D

**125. 高速离心机使用注意事项是________。**

A. 各转头不能超过其额定转速使用

B. 离心管在外单独平衡后，直接两两对称地插入转头中，并拧紧转头盖后再开始离心

C. 操作生物材料样品时，转头的装载、平衡、密封和打开必须在生物安全柜内进行

D. 离心完毕后，转头必须作消毒灭菌处理，清洗干净后待用

答案：A，B，C，D

**126. 大量集中使用气瓶，应注意________。**

A. 不必要设置符合要求的集中存放室

B. 根据气瓶介质情况，采取必要的防火、防爆、防电打火（包括静电）、防毒、防辐射等措施

C. 通风要良好，要有必要的报警装置

答案：B，C

**127. 对于实验室内所用的高压、高频设备，应注意做到________。**

A. 定期检修

B. 有可靠的防护措施

C. 凡设备本身要求安全接地的，必须接地

D. 定期检查线路，测量接地电阻

答案：A，B，C，D

**128. 取用试剂时，必须遵守的原则是________。**

A. 不能用手接触试剂，以免危害健康和沾污试剂

B. 瓶塞应倒置桌面上，以免弄脏，取用试剂后，立即盖严，将试剂瓶放回原处，标签朝外

C. 要用干净的药匙取固体试剂，用过的药匙要洗净擦干后才能再用

D. 尽量不多取试剂，多取的试剂不能倒回原瓶，以免影响整瓶试剂纯度，应放入其他合适容器中另作处理或供他人使用

答案：A，B，C，D

129. 按爆炸过程的性质，通常将爆炸分为以下________类型。

A. 物理爆炸　B. 化学爆炸　C. 核爆炸　D. 液体爆炸

答案：A，B，C

130. 下列物品属于易燃液体的是________。

A. 乙醚　B. 乙醇　C. 苯　D. 5%稀硫酸

答案：A，B，C

131. 新购买的压力容器其附带文件至少应有________。

A. 产品合格证　B. 质量证明书

C. 安装及使用维修说明　D. 监督检验证明

答案：A，B，C，D

132. 除了高温以外，下列会灼伤皮肤的物质是________。

A. 液氮　B. 稀草酸　C. 强碱　D. 强氧化剂

答案：A，C，D

133. 保证实验室使用的各种气体钢瓶的安全，下列正确的做法是________。

A. 加保险阀并用绳索相对稳定　B. 远离火源、电和其他热源

C. 放置在阴凉或空气流通的地方　D. 紧靠设备放置

答案：A，B，C

134. 丙酮属于低毒类化学品，下列叙述正确的是________。

A. 它的闪点只有－18℃，具有高度易燃性

B. 对神经系统有麻醉作用，并对黏膜有刺激作用

C. 它的沸点只有56℃，极易挥发

D. 不溶于水

答案：A，B，C

135. 少量溶剂溅出并燃烧时应________。

A. 马上使用灭火器灭火

B. 马上向燃烧处盖砂子或浇水

C. 尽快移去临近可燃物，关闭热源和电源，再灭火

D. 马上用石棉布盖住燃烧处

答案：C，D

136. 使用和保存强氧化剂时，应注意________。

A. 储存温度低于30℃　B. 通风良好

C. 禁止接触明火　D. 要与有机物和还原性物质共同存放

答案：A，B，C，D

137. 以下药品（试剂）在保存时必须注意要干燥防潮的是________。

A. 锂　B. 碳化钙　C. 氢化钙　D. 生石灰

答案：A，B，C，D

138. 强碱烧伤应________。

A. 立即用稀盐酸冲洗　B. 立即用1%～2%的醋酸冲洗

C. 立即用大量水冲洗　D. 立即去医院处理

答案：B，C，D

**139. 试剂或异物溅入眼内，处理措施有________。**

A. 玻璃：在盆中水洗，切勿用手揉动

B. 酸：大量水洗，用3%～5% $NaHCO_3$ 溶液洗

C. 碱：大量水洗，再以1%硼酸溶液洗

D. 先洗涤、急救后再送医院

**答案：**A，B，C，D

**140. 化学试剂应根据________，以不同的方式妥善管理和存放。**

A. 毒性　　B. 易燃易爆性　　C. 腐蚀性　　D. 放射性

**答案：**A，B，C，D

**141. 以下哪些行为是实验室禁止的行为________。**

A. 在实验室内追逐、嬉闹

B. 在实验室内放置与实验无关的物品

C. 在实验室使用电暖器等取暖设备

**答案：**A，B，C

**142. 实验室内操作大量乙炔气时，应注意________。**

A. 室内不可有明火　　B. 室内不可有产生电火花的电器

C. 房间应密闭　　D. 室内应有高湿度

**答案：**A，B

**143. 黄磷自燃应如何扑救________。**

A. 用高压水枪　　B. 用高压灭火器　　C. 用雾状水灭火　　D. 用泥土覆盖

**答案：**B，D

**144. 下面行为不能在洁净室里进行的是________。**

A. 抽烟　　B. 用烙铁焊接　　C. 配制溶液　　D. 饮水和进食

**答案：**A，B，C，D

**145. 关于氧气瓶的使用，以下说法正确的是________。**

A. 氧气瓶附件有缺损，阀门螺杆滑丝时，应停止使用

B. 氧气瓶不能强烈碰撞，禁止采用抛、摔及其他容易引起撞击的方法进行装卸或搬运

C. 操作者的双手、手套及工具等不得沾染油脂

D. 氧气瓶不得靠近热源，与明火的距离一般不得小于10m

**答案：**A，B，C，D

**146. 实验室的微波炉使用时，应注意________。**

A. 微波炉开启后，会产生很强的电磁辐射，操作人员应远离

B. 严禁将易燃易爆等危险化学品放入微波炉中加热

C. 实验用微波炉严禁加热食品

D. 对密闭压力容器使用微波炉加热时应注意严格按照安全规范操作

**答案：**A，B，C，D

**147. 物质燃烧必须同时具备的条件是________。**

A. 着火源　　B. 助燃物　　C. 温度　　D. 可燃物

**答案：**A，B，D

## 三、判断题

1. 学生可以单独使用剧毒物品吗？

答案：错误

2. 长时间使用恒温水浴锅时，应注意及时加水，避免干烧发生危险。

答案：正确

3. 在实验室进行有潜在危险的工作时，必须有第二者陪伴。

答案：正确

4. 遇有电器着火，应先切断电源再救火。

答案：正确

5. 遇火、遇潮容易燃烧、爆炸或产生有毒气体的化学危险品，不得在露天、潮湿、漏雨或低洼容易积水的地点存放。

答案：正确

6. 实验室安全事故的表现形式主要有火灾、爆炸、毒害、触电、机械伤人和设备损坏。

答案：正确

7. 实验室安全工作的中心任务是防止发生人员伤亡和财产损失。

答案：正确

8. 实验进行前，要了解实验仪器的使用说明及注意事项，实验过程中要严格按照操作规程进行操作。

答案：正确

9. 实验结束，要关闭设备，断开电源，并将有关实验用品整理好。

答案：正确

10. 实验过程中应尽量避免实验仪器在夜间无人看管的情况下连续运转。如果必须在夜间使用，应严格检查实验仪器的自控装置、漏电保护装置及空气开关等，保证其工作正常。

答案：正确

11. 扑救液体火灾时，应该使用灭火器扑救，不能用水扑救或用其他物品扑打。

答案：正确

12. 可以用烘箱干燥有爆炸危险性的物质。

答案：错误

13. 剧毒物品要按照五双制规定严格管理。五双制是指：双人保管、双锁、双账、双人领取、双人使用。

答案：正确

14. 剧毒物品可以私自转让、赠送、买卖。

答案：错误

15. 酒精灯不再使用时，应立刻用嘴吹灭。

答案：错误

16. 化学危险物品应当分类、分项存放，相互之间保持安全距离。

答案：正确

17. 凡涉及有害或有刺激性气体发生的实验应在通风柜内进行，加强个人防护，不得把头部伸进通风柜内。

答案：正确

18. 当有人呼吸系统中毒时，应迅速使中毒者离开现场，移到通风良好的环境中，令中毒者呼吸新鲜空气，情况严重者应及时送医院治疗。

答案：正确

19. 存有易燃易爆危险品的实验室禁止使用明火。

答案：正确

20. 安全事故处理应本着先人后物的原则，快速果断地处置。

答案：正确

21. 学生进入实验室，首先要了解实验室的安全注意事项。

答案：正确

22. 实验室必须配备符合本室要求的消防器材，消防器材要放置在明显或便于拿取的位置。严禁任何人以任何借口把消防器材移作他用。

答案：正确

23. 实验室产生的危险性废液必须回收，交学校统一处理。由专门机构负责无害化处理，使其变为无害物质，尽量减少对环境的污染。

答案：正确

24. 易挥发药品的保存应远离热源火源，于避光阴凉处保存，通风良好，不能装满。

答案：正确

25. 对剧毒品采取必要的保安措施，防止剧毒化学品被盗、丢失或者误售、误用；发现剧毒化学品被盗、丢失或者误售、误用时，必须立即向当地公安部门报告。

答案：正确

26. 领取剧毒物品时，需双人领用（其中一人必须是实验室的教师）。

答案：正确

27. 学生在使用剧毒物品时，必须由教师在场指导。

答案：正确

28. 如果不慎将化学品弄洒或污染，立即自行回收或者清理现场，以免对他人产生危险。

答案：正确

29. 化学危险品使用过程中一旦出现事故，应及时采取相应控制措施，并及时向有关老师和部门报告。

答案：正确

30. 可以用嘴、鼻和手直接接触试剂。

答案：错误

31. 长时间使用酒精灯时，为避免酒精燃烧耗尽，可以将酒精加满来延长使用时间。

答案：错误

32. 实验产生的废液和废弃固体物质可直接倒入下水道。

答案：错误

33. 危险化学品应当分类存放，相互之间保持安全距离。

答案：正确

34. 发生危险化学品事故后，应该向上风方向疏散。

答案：正确

35. 禁止穿拖鞋、背心、短裤（裙）进入实验室，高跟鞋可以进实验室。

**答案：** 正确

36. 实验室进行蒸馏操作时，对于爆炸性物质或不稳定物质，须小心地蒸馏直到剩余少量残渣。

**答案：** 错误

37. 分光光度计的吸光值在0.2～0.7范围内准确度最高。

**答案：** 正确

38. 实验室药品常有毒性，严禁直接舔尝。

**答案：** 正确

39. 对有异味或挥发性的废液或废物要丢弃在远离人群的地方。

**答案：** 错误

40. 使用化学危险品的地方应备有相应的急救器材和用品，人员具备消防、急救知识，并有定期检查和培训制度。

**答案：** 正确

41. 使用化学危险品时，可按多次使用量计算后一次性购买、领用。

**答案：** 错误

42. 在实验室不可佩戴隐形眼镜，应使用一般眼镜。

**答案：** 正确

43. 在使用、操作具有毒害性及腐蚀性的化学品时，若发生中毒、灼伤事故，应掌握一定的现场急救措施，然后去医院就医。

**答案：** 正确

44. 中毒事故中救护人员进入现场，应先抢救中毒者，再采取措施切断毒物来源。

**答案：** 错误

45. 分光光度计的一对比色皿坏了一只，可以借用其他仪器上的一只比色皿代替。

**答案：** 错误

46. 离心过程中，若听到离心机有异常响声，待离心完成后再停机检查原因。

**答案：** 错误

47. 使用离心机时，当转头部分装载时，离心样品可随意放在转头中。

**答案：** 错误

48. 学生初次进入实验室应了解实验室具体的潜在危险，认真阅读、理解安全手册和操作手册，接受安全教育或培训，并通过考核。

**答案：** 正确

49. 实验室工作必须保持严肃、严密、严格、严谨；保持实验室内整洁有序。

**答案：** 正确

50. 实验进行前要了解实验仪器的使用说明及注意事项，实验过程中要严格按照操作规程进行操作。

**答案：** 正确

51. 水银泄漏时的正确处理方法是：将洒落的水银集中收集到容器中，用水覆盖，密闭保存。然后在污染处撒上硫黄粉，集中收集。

**答案：** 正确

52. 学生损坏了仪器、设备必须立即向教师报告。

**答案：** 正确

53. 未经允许不得随意拆卸实验仪器及零部件。

**答案：** 正确

54. 做实验时要爱护实验设备，同时注意自身的安全，避免发生事故。

**答案：** 正确

55. 实验仪器使用时要有人在场，不得擅自离开。

**答案：** 正确

56. 在实验室工作的人员务必遵守学校及实验室的各项规章制度和仪器设备的操作规程，做好安全防护。

**答案：** 正确

57. 实验室安全工作的中心任务是防止发生人员伤亡和财产损失。

**答案：** 正确

58. 实验室安全事故的表现形式主要有：火灾；爆炸；毒害、机电伤人和设备损坏。

**答案：** 正确

59. 实验室应配备相应的消防器材。参加实验人员要熟悉其存放位置及使用方法并掌握有关的灭火知识。

**答案：** 正确

60. 当发生火情时尽快沿着疏散指示标志和安全出口方向迅速离开火场。

**答案：** 正确

61. 爆炸是指物质瞬间突然发生物理或化学变化，同时释放出大量的气体和能量（光能、热能、机械能）并伴有巨大声响的现象。

**答案：** 正确

62. 爆炸是所有化学危险品的一个重要性质。

**答案：** 错误

63. 凡进行有危险性的实验，应先检查防护措施，确证防护妥当后，才可进行实验。

**答案：** 正确

64. 实验过程中应仔细观察实验现象并及时做好实验记录，原始记录要完整、真实、准确、清楚。

**答案：** 正确

65. 实验中，进行高温操作时，必须佩戴防高温手套。

**答案：** 正确

66. 实验室的药品和设备一定要标明其名称，以免误用。

**答案：** 正确

67. 由呼吸道吸入有毒的气体、粉尘、蒸气、烟雾会引起呼吸系统中毒。

**答案：** 正确

68. 眼睛溅入化学试剂时，应以大量清水冲洗，并翻开上下眼皮继续缓缓冲洗数分钟后，速送医院诊治。

**答案：** 正确

69. 打开易挥发或浓酸、浓碱试剂的瓶塞时，瓶口不要对着脸部或其他人，宜在通风橱中进行。

**答案**：正确

70. 安全生产管理的方针是：安全第一，预防为主。

**答案**：正确

71. 加强计算机的安全管理，建立病毒防护系统并不断加以更新，重要的数据资料应定期进行备份。

**答案**：正确

72. 切勿带电插、接电气线路。

**答案**：正确

73. 为避免线路负荷过大，而引起火灾，功率1000W以上的设备不得共用一个接线板。

**答案**：正确

74. 用潮湿的手碰开关、电线和电器是非常危险的。

**答案**：正确

75. 实验室的电源总闸没有必要每天离开时都关闭，只要关闭常用电气的电源即可。

**答案**：错误

76. 化学类实验室原则上不得使用明火电炉。

**答案**：正确

77. 实验结束后，应该打扫卫生、整理或运走废弃的试样或物品。

**答案**：正确

78. 实验室应保持整洁有序，不准喧哗、打闹、抽烟。

**答案**：正确

79. 发现被盗或人为破坏，应保护现场并立即报告保卫处。

**答案**：正确

80. 遇到停电停水等情况，实验室人员必须检查电源和水源是否关闭，避免重新来电来水时发生相关安全事故。

**答案**：正确

81. 实验室钥匙的配发由实验室负责人管理，不得私自配置钥匙或借给他人使用。

**答案**：正确

82. 实验室内电源根据需要可自行拆装、改线。

**答案**：错误

83. 仪器设备发生故障后，必须及时报告管理人员，并详细登记。

**答案**：正确

84. 实验室安全与卫生工作应坚持安全第一，预防为主的原则。

**答案**：正确

85. 实验室应对仪器设备加强维护保养，定期校验和检修。

**答案**：正确

86. 因实验需要，仪器设备可以随便拆装。

**答案**：错误

87. 当有人发生触电事故时，应马上直接将其拉开。

**答案**：错误

88. 发现有人触电，应立即切断电源，不能直接拉触电者，应用木棒或其他绝缘物将人与带电体分离。

**答案：** 正确

89. 急救时伤口包扎越紧越好。

**答案：** 错误

90. 急救时伤口包扎松劲适度，不可过紧或过松，以防滑脱或压迫神经和血管，影响远端血液循环，甚至造成肢体坏死。

**答案：** 正确

91. 在清洁、维修仪器时，应先断电并确保无人能开启仪器。

**答案：** 正确

92. 学生进实验室之前要参加安全教育和培训，经培训、考核合格后方可进入实验室学习与工作；学生要在老师指导下开展实验研究。

**答案：** 正确

93. 要保持实验室环境整洁，做到地面、桌面、设备三整洁，减少安全隐患。

**答案：** 正确

94. 实验室安全工作的中心任务是防止发生人员伤亡、财产和资料损失。

**答案：** 正确

95. 实验室安全事故的表现形式主要有：火灾、爆炸、中毒、灼伤、病原微生物感染、辐照和机电伤人等。

**答案：** 正确

96. 人员稀少的时间段，要特别注意随手关门，确保实验室财产和个人物品的安全。

**答案：** 正确

97. 使用过的实验服脱下后，不得与日常衣服放在一起，也不得放在洁净区域。

**答案：** 正确

98. 在实验室发生事故时，现场人员应迅速组织、指挥，切断事故源，尽量阻止事态蔓延、保护现场；及时有序地疏散学生等人员，对现场已受伤人员作好自助自救、保护人身及财产。

**答案：** 正确

99. 创造安全、卫生的实验室工作环境，仅仅是实验工作人员的责任。

**答案：** 错误

100. 实验室发生火警、火灾时，应立即采取措施灭火，并报保卫处或119。

**答案：** 正确

101. 仪器设备用电或线路发生故障着火时，应立即切断现场电源，将人员疏散，并组织人员用灭火器进行灭火。

**答案：** 正确

102. 火灾对实验室构成的威胁最为严重，最为直接。应加强对火灾三要素（易燃物、助燃物、点火源）的控制。

**答案：** 正确

103. 建筑物发生火灾时，乘坐电梯疏散既快速又安全省力。

**答案：** 错误

104. 当发生火情时尽快沿着疏散指示标志和安全出口方向迅速离开火场。

**答案：** 正确

105. 实验室一旦发生起火，不要惊慌失措，应利用消防器材，采取有效措施控制、扑灭火灾。

**答案：** 正确

106. 电气设备着火时，可以用水扑灭。

**答案：** 错误

107. 火灾发生后，穿过浓烟逃生时，必须尽量贴近地面，并用湿毛巾捂住口鼻。

**答案：** 正确

108. 使用离心机时，当部分装载时，离心管可随意放在转头中而不用考虑平衡。

**答案：** 错误

109. 加热试管内物质时，管口应朝向自己，以便看清楚反应过程。

**答案：** 错误

110. 在进行萃取或洗涤操作时，为了防止物质高度浓缩而导致内部压力过大，产生爆炸，应该注意及时排出产生的气体。

**答案：** 正确

111. 酒精灯内的酒精量最多可加九分满。

**答案：** 错误

112. 玻璃器具在使用前要仔细检查，避免使用有裂痕的仪器。特别用于减压、加压或加热操作的场合，更要认真进行检查。

**答案：** 正确

113. 危险化学品用完后就可以将安全标签撕下。

**答案：** 错误

114. 通常有害药品经呼吸器官、消化器官或皮肤吸入体内，引起中毒。因此，切忌口尝、鼻嗅及用手触摸药品。

**答案：** 正确

115. 实验中的过量化学品应当返回其原来的试剂瓶中以免浪费。

**答案：** 错误

116. 可以穿拖鞋或凉鞋进入化学实验室。

**答案：** 错误

117. 走廊比较通风时，可存放危险化学品。

**答案：** 错误

118. 烧杯、烧瓶及试管等加热时比较安全。

**答案：** 错误

119. 发生剧毒化学品被盗、丢失、误售、误用后，必须立即向当地公安部门报告。否则，对负有责任的主管人员和其他直接责任人员依照刑法追究刑事责任。

**答案：** 正确

120. 对剧毒品采取必要的保安措施，丢失或者误售、误用；发现剧毒化学品被盗、丢失或者误售、误用时，必须立即向当地公安部门报告。

**答案：** 正确

121. 实验室内的浓酸、浓碱如果不经处理，沿下水道流走，对管道会产生很强的腐蚀，又造成环境的污染。

**答案：** 正确

122. 剧毒品在取出实验使用量后可以不立即存入保险柜。

**答案：** 错误

123. 化学危险物品应当分类、分项存放，还原性试剂与氧化剂、酸与碱类腐蚀剂等不得混放，相互之间保持安全距离。

**答案：** 正确

124. 凡进行有危险性的实验，应先检查防护措施，确证防护妥当后，才可进行实验。

**答案：** 正确

125. 生产、储存和使用危险化学品的单位，应当在生产、储存和使用场所设置报警装置。

**答案：** 正确

126. 发生危险化学品事故后，应该向上风方向疏散。

**答案：** 正确

127. 实验室发现可燃气体泄漏，要迅速切断电源，打开门窗。

**答案：** 正确

128. 实验室的药品和设备一定要标明其名称，以免误用。

**答案：** 正确

129. 在使用化学品的工作场所吸烟，可能会造成火灾和爆炸，但不会中毒。

**答案：** 错误

130. 烧杯、烧瓶及试管之类仪器，因其壁薄，机械强度很低，用于加热时，必须小心操作。

**答案：** 正确

131. 转速较低的离心机可以在工作时打开机盖观察。

**答案：** 错误

132. 需要加热的实验装置要选用安全的加热恒温措施，禁止使用电热毯、加热带等不安全的设备。

**答案：** 正确

133. 如有盗窃和意外事故发生，不得隐瞒，应及时报告保卫部门和主管部门，并保护好现场。

**答案：** 正确

134. 各院系要加强对剧毒、有害、特殊化学药品的管理，建立严格的领取、发放、登记和主管领导审批制度。

**答案：** 正确

135. 实验室工作必须保持严肃、严密、严格、严谨；室内保持整洁有序，不准喧哗、打闹、抽烟。

**答案：** 正确

136. 学生进入实验室学习、工作前应接受安全教育或培训，并通过考核。

**答案：** 正确

137. 进入化学、化工类实验室，不必穿工作服。

**答案：** 错误

138. 实验结束，离开实验室时要检查水、电和门窗，确保安全。

**答案：** 正确

139. 用水时要禁止跑、冒、滴、漏现象存在。

**答案：** 正确

140. 实验室内可以使用电炉等取暖、做饭。

**答案：** 错误

141. 化学实验室现场，不可进食，但可以吸烟。

**答案：** 错误

142. 实验室内禁止抽烟、进食。

**答案：** 正确

143. 应避免独自一人在实验室做有危险的实验。

**答案：** 正确

144. 机器仪表发生故障修理时，或机器及动力装备等遇异状时，须立即找有关人员前来修理。

**答案：** 错误

145. 使用精密仪器时，必须严格按照操作规程进行操作，细心谨慎，避免因粗心大意而损坏仪器。如发现仪器有故障，应立即停止使用，报告教师，及时排除故障。使用后必须自觉填写登记本。

**答案：** 正确

146. 大型设备运行需要两名以上工作人员在场才能进行。

**答案：** 正确

147. 停止使用高压气瓶时，应先关减压阀，再关总阀。

**答案：** 错误

148. 用电设备在长时间不用时，应该断开电源。

**答案：** 正确

149. 电炉、烘箱等用电设备在使用中，使用人员不得离开。

**答案：** 正确

150. 发现有人触电，不能直接接触触电者，应用木棒或其他绝缘物将电源线挑开，使触电者脱离电源。

**答案：** 正确

151. 电源插座附近不应堆放易燃物等杂物。

**答案：** 正确

152. 可以用湿布擦电源开关。

**答案：** 错误

153. 为方便进出专人管理的设备房间，可自行配制钥匙。

**答案：** 错误

154. 离开实验室前应检查门、窗、水龙头是否关好，通风设备、饮水设施、计算机、空调等是否已切断电源。

**答案：** 正确

155. 建立健全安全管理规章制度，完善逐级安全责任制，贯彻执行谁使用，谁管理、谁主管，谁负责的安全工作原则。

**答案：** 正确

156. 实验室的接线板远离可能有水的位置和高温环境。

**答案：** 正确

157. 电气设备和大型仪器须接地良好，对电线老化等隐患要定期检查并及时排除。

**答案：** 正确

158. 实验室可以存放大桶有机试剂。

**答案：** 错误

159. 不能携带易燃易爆物品进入教室、宿舍、图书馆等人员聚集场所。

**答案：** 正确

160. 实验室必须配备符合本室要求的消防器材，消防器材要放置在明显或便于拿取的位置。严禁任何人以任何借口把消防器材移作他用。

**答案：** 正确

161. 灭火器应定期进行检验。

**答案：** 正确

162. 所有实验用过的器具都要及时清洗。

**答案：** 正确

163. 危险化学品应当分类存放，相互之间保持安全距离。

**答案：** 正确

164. 实验室的化学药品一定要标明其名称，以免误用。

**答案：** 正确

165. 进入实验室工作，要严格遵守实验室各项规章制度和仪器设备操作规程。

**答案：** 正确

166. 在着火和救火时，若衣服着火，要赶紧跑到空旷处用灭火器扑灭。

**答案：** 错误

167. 大型仪器使用中，应注意仪器设备的接地、电磁辐射、网络等安全事项，避免事故发生。

**答案：** 正确

168. 实验室内的电线、开关、灯头、插头、插座等一切电器用具，要经常检查是否完好，有无漏电、潮湿、霉烂等情况。一旦有问题应立即报修。

**答案：** 正确

169. 不使用绝缘损坏或接地不良的电气设备。

**答案：** 正确

170. 负载处于工作状态时，可以插、拔、接电气线路。

**答案：** 错误

171. 可将食物储藏在实验室的冰箱或冷柜内。

**答案：** 错误

172. 不能将实验室易燃易爆物品带出实验室。

**答案：** 正确

173. 实验室不得乱拉电线，套接接线板。

答案：正确

174. 实验室内彼此保持安静，不得进行娱乐活动。

答案：正确

175. 实验室如发现存在安全隐患，要及时向所在学院和保卫处、实训处报告，并采取措施进行整改。对安全隐患隐瞒不报或拖延上报的，学校将对相关责任人进行严肃处理。

答案：正确

176. 夏季天气热时可以在实验室内穿露有脚趾的鞋。

答案：错误

177. 实验室的接线板远离可能有水的位置和高温环境。

答案：正确

178. 身边没有胶水胶棒时可以用口舔标签用以粘贴。

答案：错误

179. 要保持实验室环境整洁，做到地面、桌面、设备三整洁，减少安全隐患。

答案：正确

180. 及时淘汰老化、性能不稳又具有安全隐患的仪器设备。

答案：正确

181. 教师应学习研究有关实验室安全的知识，同时在理论教学和实验中对学生进行安全知识教育、教会学生如何正确使用实验设备和实验操作，教会学生在突发事故发生时如何自我保护、相互救援、安全撤离。

答案：正确

182. 使用激光扫描仪预览和扫描资料时，可以不盖上扫描仪盖子。

答案：错误

183. 实验室发生火警、火灾时，应立即采取措施灭火，并报保卫处。

答案：正确

184. 在附近无水源，身上着火来不及脱衣服时，应就地打滚，将火苗压灭进行自救。

答案：正确

185. 实验室应配备相应的消防器材。参加实验人员要熟悉其存放位置及使用方法并掌握有关的灭火知识。

答案：正确

186. 当发生火情时尽快沿着疏散指示标志和安全出口方向迅速离开火场。

答案：正确

187. 火灾发生后，当所有的逃生线路被大火封锁时，应立即退回室内，用手电筒、挥舞衣物、呼叫等方式向窗外发送求救信号，等待救援。

答案：正确

188. 实验室内可以堆放个人物品。

答案：错误

189. 接触化学危险品、剧毒以及致病微生物等的仪器设备和器皿，必须有明确醒目的标记。使用后及时清洁，特别是维修保养或移至其他场地前，必须进行彻底的净化。

答案：正确

190. 在实验室允许口尝鉴定试剂和未知物。

答案：错误

191. 扑救液体火灾时，应用灭火器扑救，不能用水扑救或其他物品扑打。

答案：正确

192. 一般有机物着火时可以用水扑救，因为有机物与水可以互溶。

答案：错误

193. 遇湿易燃物品与自燃物品可以同库存放。

答案：错误

194. 醋酸蒸汽与空气混合会在热源的诱发下引起爆炸。

答案：正确

195. 通用塑料制品的加热温度不能超过60℃。

答案：正确

196. 不能在纸上称量过氧化钠。

答案：正确

197. 可以用鼻子远离瓶口，用手在瓶口上方扇动的方法简单辨认有怀疑的低毒化学试剂。

答案：正确

198. 汞、苯、铬酸盐和氰化物属于对人体具有极度危害的物质。

答案：正确

199. 可以使用明火在敞口容器当中加热有机溶剂。

答案：错误

# 参考文献


[1] 黄鹤. 高校实验室安全与环保教育通识题库[M]. 北京：中国农业出版社，2016.

[2] 孙自强. 生产过程自动化及仪表[M]. 武汉：武汉工业大学出版社，1999.

[3] 侯志林. 过程控制与自动化仪表[M]. 北京：机械工业出版社，2000.

[4] 贺家李，宋从矩. 电力系统断电保护原理[M]. 3版. 北京：中国电力出版社，1994.

[5] 凌智敏. 触电电流与电气安全[J]. 电气应用，1984,（01）.

[6] 胡育德. 对电气安全技术中几个隐忧的思虑[J]. 劳动保护，1994,（05）

[7] 李邦协，刘江. 电气安全技术和电气安全规范[J]. 中国标准化，2002,（08）.